CB002650

ATAHUALPA YUPANQUI

o canto do vento

tradução de Demétrio Xavier

Porto Alegre, RS
2023

coragem

© herdeiros de Atahualpa Yupanqui, 1965
© Editora Coragem, 2023

Título original: *El canto del viento.*

A reprodução e propagação sem fins comerciais do conteúdo desta publicação, parcial ou total, não somente é permitida como também é encorajada por nossos editores, desde que citadas as fontes.

www.editoracoragem.com.br
contato@editoracoragem.com.br
(51) 98014.2709

Produção editorial: Thomás Daniel Vieira.
Assistente editorial: Palóma Coitim.
Preparação e revisão de texto: Fabio B. Pinto.
Arte da capa: Marcelo Monteiro.
Coordenação: Camila Costa Silva.

Porto Alegre, Rio Grande do Sul.
Inverno de 2023

Dados Internacionais de Catalogação na Publicação (CIP)

Y95c Yupanqui, Atahualpa
O canto do vento / Atahualpa Yupanqui; tradução de Demétrio Xavier.
– Porto Alegre: Coragem, 2023.
340 p. : il.

Título original: El canto del viento.
ISBN: 978-65-85243-09-4

1. Crônicas – Literatura argentina. 2. Letras de canções – Folclore – Argentina. 3. Literatura hispano-americana. 4. Canções folclóricas – Música – Argentina. 5. Poemas – Literatura argentina. 6. Memórias. 7. Recordações. I. Xavier, Demétrio. II. Título.

CDU: 860(82)-94

Bibliotecária responsável: Jacira Gil Bernardes – CRB 10/463

Obra editada en el marco del Programa Sur de Apoyo a las Traducciones del Ministerio de Relaciones Exteriores, Comercio Internacional y Culto de la República Argentina.

Obra editada no âmbito do Programa Sur de apoio às traduções do Ministério das Relações Exteriores, Comércio Internacional e Culto da República Argentina.

SUMÁRIO

A lenda e o menino 19

O cacique Benancio 29

Rumo ao norte 39

Passavam os cantores 49

Entre ríos 59

Genuario Sosa, um entrerriano 69

Destino do canto 77

A corpachada 85

O Vale Calchaqui 97

Os mistérios do Cerro Colorado 111

A Laguna Brava 121

Vozes na quebrada 135

Dagoberto Osorio, o último trovador da quebrada 145

O pago enfeitiçado 149

Caminhos e lendas 159

Os pagos charruas 167

O violão 175

"Me cinge invisível laço" 181
O puma 187
Caminhos na planura 197
Ongamira 205
Don Jesús 211
Outono 219
Nostalgia 225
Benicio Díaz 233
O compadre Chocobar 239
O Riojano Z. Z. 245
Os contrabandistas 251
O tempo da sede 257
A dança da viúva 263
Sem cavalo e em Montiel 271
História de tesouros 277
O mineiro 285
Os bandoleiros 291
Nácar 299
O encontro 305
A cerração 309
O último decreto 315
Sempre! 321
Glossário 325
Nota do tradutor, *por Demétrio Xavier* 335

o canto do vento

Corre sobre as planuras, selvas e montanhas, um infinito vento generoso.

Em uma imensa e invisível bolsa vai recolhendo todos os sons, palavras e rumores da terra nossa. O grito, o canto, o assobio, a reza, toda a verdade cantada ou chorada pelos homens, os matos e os pássaros vão parar na enfeitiçada bolsa do Vento.

Mas às vezes a carga é colossal e termina por romper os costados do alforje infinito.

Então o Vento deixa cair sobre a terra, através da brecha aberta, o fiapo de uma melodia, o ai de uma trova, a breve graça de um assobio, um refrão, um pedaço de coração escondido na curva de uma *vidalita*[1], a ponta de flecha de um adeus *bagualero*[2].

---

[1] Estilo musical popular, com canto de ar triste e temática amorosa, acompanhado ao violão.

[2] Ver o verbete "Baguala" no glossário.

E o vento passa e se vai. E ficam sobre o pasto as "inhapas"[3] caídas em sua viagem.

Essas "inhapas", contas de um rosário lírico, suportam o tempo, o olvido, as tempestades. Conforme sua condição ou qualidade, se esfarelam, se quebram e se perdem. Outras permanecem intactas. Outras se enriquecem, como se o tempo e o olvido – a alquimia cósmica – as fizessem alcançar uma condição de joia milagrosa.

Mas chega o dia em que essas "inhapas" da alma dos povos são achadas. Alguém as encontra um dia.

Quem as encontra?

Pois os moços que andam pelos campos, pelo vale ensolarado, pelas picadas da selva nas sestas, pelos duros caminhos da serra, ou junto dos arroios, ou do fogo. As encontram os homens de escuro destino, os braços safreiros, os heróis do túnel da mina, o tropeiro que despedaça seu grito nos abismos, o bardo insone e sem sossego.

As encontram os violões, depois de vencido um processo de dor, meditação e silêncio transformados em dignidade sonora. As encontram as flautas indígenas, as que espargiram pelos Andes as cinzas de tantos *yaravíes*[4].

E com o tempo, rapazes e homens, e pássaros, e violões, elevam suas vozes na noite argentina, ou nas claras manhãs, ou nas tardes pensativas, devolvendo ao Vento os fiapos do canto perdido. Por isso há que fazer-se amigo,

---

[3] Do quéchua *yapa*; excedente que se brinda ou se ganha em qualquer transação.

[4] Ver o verbete "Yaraví" no glossário.

muito amigo do Vento. Há que escutá-lo. Há que entendê-lo. Há que amá-lo. E segui-lo. E sonhá-lo. Aquele que for capaz de entender a linguagem e o rumo do Vento, de compreender sua mensagem e seu destino, achará sempre o rumo, alcançará o verso, penetrará no Canto.

Tempo do homem

A partícula cósmica que navega em meu sangue
é um mundo infinito de forças siderais.
Veio a mim após um longo caminho de milênios
quando talvez eu tenha sido areia para os pés do ar.

Logo fui a madeira. Raiz desesperada
enterrada no silêncio de um deserto sem água
Depois fui caracol, quem sabe onde.
E os mares me deram sua primeira palavra.

Depois a forma humana desfraldou sobre o mundo
a universal bandeira do músculo e da lágrima.
E cresceu a blasfêmia sobre a velha terra.
E o açafrão, e a tília, o verso e a oração.

Então vim à América para nascer em homem.
E em mim juntei o pampa, a selva e a montanha.
Se um avô campeiro galopou até meu berço,
outro me disse histórias na sua flauta de taquara.

Eu não estudo as coisas, nem pretendo entendê-las.
As reconheço, é certo, pois antes vivi nelas.
Converso com as folhas no meio dos matos
e me dão sua mensagem as raízes secretas.

E assim vou pelo mundo, sem idade nem destino.
Ao amparo de um cosmos que caminha comigo.
Amo a luz, e o rio, e o silêncio, e a estrela.
E floresço em violões porque fui a madeira.

I

A LENDA E O MENINO

De todas as histórias e lendas que escutei em menino, essa lenda do Vento foi a inesquecível. Meteu-se em minhas veias queimando-me o sangue, somando-se à minha vida para sempre.

Narravam essa história os únicos homens capazes de contar coisas universais; a peonada das velhas estâncias, os estivadores que voavam sobre os estrados com sua carga de trigo ou milho, a paisanada[5] das esquilas nesses outubros de nuvens redondas como velos dispersos pelo céu; os gaúchos que cruzavam aqueles pampas abertos, onde as léguas só podiam ser vencidas pela espora e o galope.

---

[5] Coletivo de paisano. No sentido particular da região do Prata e do Rio Grande do Sul, o habitante das regiões rurais e dos pequenos povoados, ou aquele que compartilha práticas e concepções da cultura tradicional desses lugares.

Os dias da minha infância transcorriam como os de todo guri, de assombro em assombro, de revelação em revelação. Nasci em um meio rural e cresci frente a um horizonte de balidos e relinchos. Os espetáculos que exaltavam meu entusiasmo não consistiam em jogos de armar, quebra-cabeças, pipas ou pandorgas. Era um mundo de brilhos e sons ao mesmo tempo doces e bárbaros. Pealadas, tombos, potros xucros, marcações, virilhas sangrando, esporas cruéis, risos abertos, comentários de duelos, carreiras, domas, superstições, mil modos de entender os boitatás e as coisas do "destino escrito". Naqueles pagos de Pergamino nasci, para somar-me à parentalha dos Chavero do distante Loreto de Santiago Del Estero, de Villa Mercedes de San Luis, da ruinosa capela serrana de Alta Gracia. Galopavam-me no sangue trezentos anos de América, desde que Don Diego Abad Martín Chavero chegou para abater quebrachos e algarrobos e fazer portas e colunas para igrejas e capelas, conforme contratos dos quais restam alguns papéis revisados pelo Dr. Lizondo Borda e transcritos em seus *Documentos Coloniales del Tucumán*, obra publicada pela Universidade tucumana há vinte e cinco anos. Pelo lado materno, venho de Regino Haram, de Guipúzcoa, que se plantou no meio do pampa[6], levantou seu casarão e

---

[6] Optamos, ao longo de toda a obra – com uma exceção, que será objeto de nota –, por utilizar a palavra "pampa" no masculino, como preponderou na literatura sul-rio-grandense desde os primeiros registros. Em espanhol, "pampa" no feminino define a

aproximou sua vida à dos Guevara, à dos Collazo, gentes "mui de antes", acobreados, primitivos e tenazes, com mulheres que fumavam em cachimbos de gesso à hora crepuscular, perto da amplíssima cozinha onde se refugiavam alguns cordeiros "guachos".

Todo esse mundo, paz e combate em minhas veias entre indígenas, bascos e gaúchos, determinava minhas alegrias, meus sustos, acicatava meu instinto de gurizinho livre, fazia-me criar um idioma para dialogar com os juncos dos arroios. Quantas vezes evoco aqueles dias de minha infância e me vejo, com apenas seis anos sobre meus garrões[7], montado em um petiço douradilho, "em pelo", um "bocal de soga"[8], e galopando entre os pastiçais, sentindo nas panturrilhas desnudas o lançaço dos cardos azuis, ouvindo o alerta dos quero-queros nos baixios, atravessando uma alameda que me enfeitiçava com seus estranhos assovios na tarde, chegando depois à minha casa com a besta suada e trêmula de nervos e fadiga para escutar com uma falsa atitude de arrependimento as repreensões de minha mãe e sentir-me premiado no meu "gauchismo" pelo olhar sério e sereno de meu pai,

---

paisagem ou acidente geográfico, e se reserva o masculino para referir o indígena de determinadas etnias.

[7] No original, "chuncas" (ver glossário).

[8] Anel de tira de couro ou, como no caso, de corda (soga), atado diretamente à mandíbula do animal, ao qual se prendem as rédeas. É método de adestramento para o posterior uso do freio ou bridão.

"tão paisano e tão sem vícios", como comentavam nossos escassos vizinhos.

Porque em minha casa paterna o álcool e o tabaco eram desconhecidos. Viviam, meus maiores, em uma limpa pobreza, onde só brilhavam os arreios e a decência. Meu pai era um humilde funcionário da rede ferroviária, mas nada podia matar o gaúcho[9] nômade que havia sido. Por isso, sempre, por ocasião dos traslados, que eram numerosos, por razões de seu trabalho, se mudava com sua família e sua tropilha. Jamais deixou de ter boa cavalhada – e era seu prazer tirar o orgulho dos xucros, gineteando-os com fúria que assombrava. Assim, nós, meu irmão e eu, gostávamos de nos enforquilhar em um bagual ao amanhecer, momentos antes de partir para a escola – e em um potreiro ou campo de alfafa nos mantínhamos escassos segundos sobre o xucro que nos fazia "mostrar o número das alpargatas" no segundo corcovo. E assim costumávamos chegar à aula com um costado do guarda-pó tingido de verde e molhado pelo orvalho, além de alguma pisadura nunca demasiado séria.

Assim transcorriam as horas de minha infância, com infinitas viagens de poucas léguas, em uma aventura na qual não faltavam nem o drama, nem a pena, porque nem tudo era o livre galopar por esses pampas

---

[9] Utilizaremos sempre a palavra em português, ressalvando que não se levará em conta o sentido gentílico de habitante do Rio Grande do Sul, e sim a acepção histórica e sociológica, referente ao tipo humano comum ao Uruguai, Argentina e sul do Brasil.

ou o aprendizado do duelo na visteada[10] com punhais de vime, ou ler a coleção "El Parnaso Argentino" em voz alta, ou escutar a papai quando adornava as últimas horas dos domingos tangendo seu violão e submergindo em um bosque de vidalas que lhe traziam tantas lembranças de seu antigo solar santiaguenho. Não. Também a pena começou a aninhar em meu coração quando vi Genuario Bustos – um gaúcho que muito admirava – morto com três balaços nas costas. O balearam quando montava seu redomão, e só conseguiu dizer: "assim não se mata um homem!". E foi deslizando, com o cabresto na mão, até ficar imóvel, enquanto seu sangue tingia os cascos de seu cavalo. Aquilo foi um impacto em minha sensibilidade, pois eu tinha outro sentido da morte nos homens. Vi degolar centenas de reses, até bebia o sangue quente dos novilhos. Mas pensava que os homens morriam de outro modo, que a morte não chegava assim, com tão desnuda violência. Genuario Bustos! Vi gaúchos depois. Havia gaúchos, então. Mas para mim Bustos era um arquétipo de gaúcho. Tinha a mesma têmpera e o mesmo pudor de meu pai. O vejo chegando à minha casa, depois de manear seu cavalo e olhá-lo um instante, deter-se ante o portão e inclinar-se, tirando as esporas e escondendo sob a jaqueta o cabo prateado de sua adaga, para logo

[10] Exercício tradicional da esgrima crioula, praticado com simulações de armas brancas ou, como descrito no *Don Segundo Sombra* (1926), de Ricardo Güiraldes (1886 - 1927), com o dedo "tisnado" (enegrecido com carvão ou outra substância).

chamar com suave golpe, anunciando visita. Por mais fome que tivesse, apenas provava algo da comida e bebia água, e seu discurso era brevíssimo, cordial e prudente. E lá em sua casa, em seu rancho de posteiro, era exemplo de trabalho nos currais, nas tropas, no cuidado da família. Até quando algo engraçado o fazia rir, levava a mão ao bigode como freando-se para não descompor sua eterna atitude de paisano entrado em razão. Genuario Bustos! Agora, cerca de meio século de sua partida deste mundo, o recordo e lhe agradeço o poncho que me colocava em cima nos entardeceres de agosto, o espetáculo de seu cavalo tão bem ensinado, seu exemplo de homem cabal e a voz grave e serena que muitas vezes me narrava acontecimentos do pampa que tanto conheceu.

Lá perto da pequena estação ferroviária, encravada no deserto[11], com apenas seis ou sete casas e ranchos por vizindário, levantavam-se os galpões onde se armazenava o cereal que os gringos traziam das colônias. Trigo, cevada, milho... Em tempos de entrega, os pátios se povoavam de carros, bois e cavalos de tiro. Então apareciam, como as gaivotas sobre os sulcos, os estivadores, a peonada galponeira, os ombreadores de sacos.

---

[11] Yupanqui se refere a uma zona de pampa semelhante àquela que conhecemos no sul do Brasil. A palavra "deserto", de largo uso histórico e literário, tem aí sentido demográfico, muitas vezes desconsiderando, sobretudo no século XIX, as populações indígenas precedentes.

Todos eram crioulos[12], em sua maioria pampianos. Bombachas "carijós"[13], chiripá, ou um pedaço de aniagem cruzado nas cadeiras. Grossas camisetas, um grande lenço quadriculado, o eterno e deformado ex-chapéu, alpargatas brancas com bordados vermelhos ou azuis. E ainda em plena tarefa de ombrear, estivar, acomodar, a charla mal e mal se interrompia. Milhares de ditados, de versos maliciosos. Causos de carreiras, enchentes, amores ou duelos crioulos que se teciam no ir e vir dos paisanos entre os estrados e as estivas. Alguns voavam com os sacos sobre os ombros para não perder o final de um causo ou uma resposta engenhosa.

Sem participar nas charlas, controlava o estado do cereal o enviado das companhias agrícolas, o conferente. Este personagem, "calador" na mão, enviava sua certeira estocada a cada saco e extraía um punhado de milho, ou de trigo, que depois observava, com olhar de entendido, durante toda a tarefa.

Meu prazer era subir pelo estrado de tabuão escorregadio, sem um saco sobre o ombro, claro. E mais de uma vez provei a dureza do solo nessas travessuras.

---

[12] Usamos aqui a mesma acepção de Yupanqui, também comum ao Rio Grande do Sul: oriundo de um lugar (ser crioulo de uma localidade, por exemplo) ou o habitante resultante da mescla do colonizador e do índio ou negro, tanto do ponto de vista étnico quanto da tradição cultural.

[13] Tecido salpicado de branco e preto, à semelhança da plumagem de aves que recebe essa denominação tradicional.

Mas meu mundo alcançava seu tom de maravilha quando pela tarde se reuniam os paisanos à sombra do galpão, cansados mas contentes. Alguns tinham seus cavalos nos potreiros próximos. Outros, "os de fora", se amontoavam aí no mais. E era então quando, com as últimas luzes da tarde, começavam os causos mais sérios. E ali também, enquanto ao longo dos campos se estendia a sombra do crepúsculo, os violões do pampa começavam sua antiga bruxaria, tecendo uma rede de emoções e lembranças com assuntos inesquecíveis. Eram estilos[14] de serenos compassos, de um claro e nostálgico discurso, no qual cabiam todas as palavras que a planura infinita inspirasse, seu treval, seu mato, o solitário umbu, o galope dos potros, as coisas do amor ausente. Eram milongas pausadas, no tom de Dó Maior ou Mi Menor, modos utilizados pelos paisanos para dizer as coisas objetivas, para narrar com tom lírico os acontecimentos do pampa. O canto era a única voz na penumbra.

Aqueles rústicos estivadores, aqueles carreteiros que horas antes eram puros ditados e pulhas[15], estavam transitando outros caminhos. Cada qual iniciava uma viagem à sua lembrança, a seu amor, à sua pena, à sua esperança. A vida me ensinou depois que poucos públi-

---

[14] Antigo formato musical, geralmente melancólico, da região pampiana.

[15] Gracejo, muitas vezes de duplo sentido e conotação sexual, muito usual como diversão na campanha gaúcha. Alguns "empulhadores" são famosos.

cos seriam capazes de superar em atenção e qualidade de alma esses seres crescidos na solidão pampiana.

Apertado junto a eles, olhando suas grandes mãos, seus rostos curtidos, meu coração não viajava. Ali estava, frente ao cantor, bebendo, sem entender muito, as coisas que dizia. Sentia-me totalmente ganho pelo violão. Esse instrumento se fez presente em minha vida desde as primeiras horas de meu nascimento. Com violão alcançava o sono. Com uma vidala ou uma cifra[16] me entretinham meu pai e meus tios. Mas esse fogo breve dos estivadores, esse canto tão sério, tinha uma magia especial. Eles me ofereciam um mundo recôndito, milagroso, estranho. Eu já não os olhava como a heroicos proletários do pampa. Esquecia que, momentos antes, se chamavam Alcaraz, Montenegro, Leiva, Páez... Eram, por obra da música, como príncipes de um continente no qual só eu penetrava como convidado ou como descobridor. Eram seres superiores. Sabiam cantar!

Assim, em infinitas tardes, fui penetrando no canto da planura graças a esses paisanos. Eles foram meus professores. Eles e, logo, uma multidão de paisanos que a vida me foi acercando com o tempo. Cada um tinha "seu" estilo. Cada um expressava, tocando ou cantando, os assuntos que o pampa lhes ditava. E a planura possui uma inacabável sabedoria. Disso sabiam muito bem

---

[16] Antiga forma de canto e versificação, com acompanhamento ao violão, que os improvisadores (payadores) utilizavam antes do advento da milonga.

esses gaúchos daquele tempo. Nada inventavam. Só transmitiam. Não eram criadores. Eram depositários e mensageiros do canto da planura, misterioso, heroico, melancólico, gracioso ou triste, conforme o tema.

É que esses homens haviam penetrado na lenda do Canto do Vento. Eles haviam palmilhado os caminhos sobre os quais o vento havia deixado cair os fiapos de muitas melodias, de cantos, de versos, de mistérios. E nas tardes, depois do trabalho, devolviam ao Vento os cantares perdidos e ainda lhe entregavam outros, novos e velhos. E eu, gurizinho livre, menino de campo aberto, piá enroupado de silêncios tímidos, era testemunha desse ritual sagrado: o homem, carne de povo, levantando dos pastos um Canto, abrigando-o com seu amor e seu sonho, lavando-o com sua esperança e usando como um arco o violão, o devolve ao vento para que o leve longe, em seu vôo infinito e misterioso. Sem que eu soubesse, nesse instante enfeitiçado da recuperação do Canto se estava delineando no meu coração o rumo cabal de meu destino.

Quando o longo assobio inconfundível de meu pai ordenava o retorno para casa, eu abandonava a roda de paisanos, cruzava lentamente as mortas vias que brilhavam sob a lua nova e ao entrar em meu quarto me estendia sobre meu pequeno catre de tentos, sentindo que o coração me doía de tantas emoções.

II

O CACIQUE BENANCIO

Um rosto de escuro barro, burilado pelo vento, tinha o Cacique Benancio. Homem grande, em cujas mãos um mango[17] parecia uma talinha. Vestia como o mais pobre dos paisanos, com seu velho chiripá desbotado, seu colete cinza ocultando a grossa camisa, uma faixa larga, guaiaca e rastra[18] prateada e uma enorme faca.

Vivia a dez léguas de Roca, entre Los Toldos e Junín, província de Buenos Aires, onde meu pai desempenhava suas tarefas ferroviárias. E os dois se estimavam e respeitavam como bons amigos.

Em um que outro fim de semana galopávamos como se fôssemos acordar o sol, em direção à tolderia –

---

[17] Relho, geralmente de bom tamanho e peso, usado, entre outras funções, durante a doma.

[18] Cinto ou adorno de cinto enfeitado com moedas ou outros adereços de metal ou outros materiais.

ranchos amontoados – do Cacique Benancio. Quando a manhã abria a luz, já tínhamos passado as chácaras, os campos de Olegui, e o pampa nos oferecia estreitos caminhos entre os cardais.

Era um prazer observar o assustado voo de melros, pelinchos, cardeais, pintassilgos, buscando melhores paradouros sob um sol tímido que começava a pintar sua paisagem de umbus e pasto. Margaridas pequenas, vermelhas e azuis, salpicavam o caminho, e nas breves etapas de descanso eu provava a doçura dos "cabinhos" dessas flores guardadoras de méis pampianos.

Meu pai era pouco amigo de explicações. Penso que talvez preferisse que eu encarasse a paisagem, os homens, as coisas que podem ajudar a entender a vida, para que, pouco a pouco, eu tirasse minhas próprias conclusões. Tinha, isso sim, o bom tato de não me oferecer espetáculos vulgares. Muitas vezes, com um olhar ou uma palavra, ordenava que me afastasse de gente que ele não considerava oportuna ou digna para meus olhos.

Cuidava-me sem que eu percebesse. Jamais tive melhor vaqueano que meu pai, no pampa e na vida. Para afrouxar a cincha do cavalo, eu observava sua maneira e o imitava nos menores detalhes, ainda que com menos eficiência. E depois de cinchar de novo, também eu dava a palmada sobre os arreios e passava a mão amistosamente no pescoço do flete, para em seguida montar e emparelhar a marcha a passo tranquilo. E esse era o momento em que meu pai desfiava algum velho tema de estilo, que eu escutava em silêncio enquanto olhava adiante a imensidão da planura, os quero-queros lá na beira da canhada, a vacagem ruminando, os tachãs entropilhados e alguns flamingos sonolentos entre o juncal, sob um revoar de borboletas que anunciavam primaveras temporonas.

E chegávamos ao rancherio de Benancio. Dias antes o cacique havia mandado um homem à minha casa para convidar: "potranca". Ali provei pela primeira vez carne de potranca, assada e em puchero. No lugar do pão, uma lata cheia de farinha. E para beber, canha, vinho e água.

Rodeavam a mesa os homens e as mulheres. As crianças comiam à parte, mas eu era convidado especial. Os pampas[19] comiam em silêncio. Só falavam meu pai e Benancio. Este sorvia ruidosamente um enorme osso caracu e eu achava engraçado vê-lo dar tremendos golpes com o osso no canto da mesa para afrouxar a medula. Eu o observava com um interesse misturado de temor e admiração. Olhava sua longa melena lisa repartida no meio e seus olhos pequenos e vivazes nos quais brilhava sempre a autoridade. Sua voz não era, no entanto, tonante, como eu tinha imaginado. Era ligeiramente aguda e o homem abria muito a boca para pronunciar as vogais.

Dessas visitas ao rancherio do cacique Benancio, que foram várias em minha infância, soube que era ofen-

---

[19] Aqui se refere a determinados grupos indígenas que habitavam as planícies do centro da Argentina.

sa para ele e sua gente indicá-los como índios. Quando se fazia mister aludir à sua condição racial, Benancio ou qualquer dos seus dizia: "Eu, Pampa!", e levava a mão ao peito, sem violência, como se fosse jurar. Benancio havia pertencido à tribo maior confinada em Los Toldos, partido[20] de General Viamonte. Dizia-se que por sua afeição pela carne de potranca e sua audácia para roubar equinos, haviam-lhe pedido o povoado. E o homem se alçou com cinquenta e tantos pampas fiéis a seu mando.

Entre o rancherio, dentro do qual, sobre galhos e velhos laços estendidos flamejavam ponchos, roupas e carnes charqueadas, a gurizada e os cachorros armavam na tarde uma grande algazarra que parecia não incomodar ninguém. Ali escutei uma vez alguém que tocava o violão. E não era um pampa, e sim um paisano, um gaúcho que fazia tempo havia escolhido esse lugar, talvez como refúgio. Como por esses anos não se ofendia ninguém com a pergunta, o homem estava tranquilo. De onde viera galopando? Que coisas o levaram até o rancherio do cacique Benancio? Isso não era coisa de se averiguar. E o paisano correspondia a esse respeito arando, semeando milho, amansando potros. E, uma que outra vez, o violão lhe trazia na tarde a sombra de alguma querência. Porque essa virtude tem a viola: desperta antigos duendes, desbarata o esquecimento, borra léguas

---

[20] Município, na divisão administrativa da província de Buenos Aires.

e aproxima, idealizada, a lembrança de seres e momentos que o homem crê haver deixado para sempre.

É enorme o poder evocativo que se esconde no violão. É a única chave com que o paisano pode enfrentar e vencer os fantasmas da solidão.

Aquela tarde na tolderia, entre paupérrimos ranchos, a vida me presenteou com outro espetáculo: o do gaúcho andarilho, inclinado sobre o instrumento, rezando sua trova, sem perturbar-se com o bulício da piazada nem com alguma risada bagaceira dos pampas. Ali estava o homem, batendo-se com sua própria sombra, enquanto um Lá Menor lhe oferecia os seis carreiros sonoros do violão, para que semeasse qualquer semente, menos a do esquecimento.

Voltamos, a caminho de Roca, já muito entrada a tarde. Galopamos um bom trecho, enquanto a luz auxiliava a visão. Logo pusemos os cavalos ao tranco. Havia névoa perto das canhadas. E um céu enfeitiçado de azul e diamantes se estendia sobre o grande silêncio do pampa.

Eu não percebia claramente esse silêncio da planura. Não tinha idade nem consciência para conter as coisas do mistério cósmico. Agora, ao evocar aqueles dias, compreendo que passei pelos caminhos que levam à profundidade, onde brilha a raiz da vida como um quartzo milagreiro na entranha da terra. Mas naquelas horas só sentia fadiga física e um estranho sentimento de pena e curiosidade não de todo definidas. A música escutada me seguia, como se trotasse junto a meu cavalo, como que enchendo o ar de sons e conselhos, como que prendendo em cada franja do meu ponchinho uma copla[21] poética, um rasgo de trova, algo dessas vozes perdidas pelo vento legendário. Não foram muitos os anos que vivi e percorri o pampa. Mas esses tempos de minha infância estão banhados de magias violeiras. Em certas horas deste dédalo que é a existência atual, sinto a necessidade de evocar o caminho andado, de medir as léguas percorridas no tempo, não para ficar nelas, mas para considerar a distância entre a terra e meu destino, entre a paisagem e meu coração. E submerjo naquele mundo de gaúchos e paisanos e guitarras[22]. E ressaboreio o mel dos estilos, a nostalgia das pausadas milongas sulinas, a entonação machaça das cifras. Quando, muitas vezes, esta era de profissionalismo sem mensagem expande sua insubstancialidade sobre esta romântica terra generosa, meu coração reclama a ajuda daquelas lembranças. E voltam a mim as violas tradutoras da paisagem e escuto os rústicos homens do pampa entregando seus salmos de distância

---

[21] Ainda que "copla" se refira predominantemente à estrofe de quatro versos (quadra), com determinadas características métricas e de rima, é um termo genérico para estrofe ou fragmento de poema popular. A palavra existe também em português e optou-se por mantê-la na maioria das aparições.

[22] Na maior parte das ocorrências, optamos pela palavra "violão", já que no Brasil geralmente se usa "guitarra" para designar outro instrumento. No entanto, por contexto e sonoridade, mas também pela crescente vigência da palavra "guitarra", designando o violão, no ambiente regionalista sul-rio-grandense, a mantivemos em alguns casos.

e pureza. Homens de vigoroso braço e decisão rápida. Homens de coragem e com pudor. Homens paridos pela imensa planura. E, no entanto, meninos, em seu acercar-se ao mistério da música, como quem se debruça sobre o mistério de um poço para resgatar a lua.

Por aqueles dias eu já tinha me aproximado da guitarra.

Em uma só corda percorria parte do diapasão, procurando armar a melodia de que mais gostava: a Vidalita.

O instrumento era do meu pai, e não nos era permitido usá-lo. De modo que só de vez em quando, e às escondidas, eu podia tocar o tema simples da vidalita.

Nesses tempos chegou a Roca um padre catalão: o padre Rosáenz, sacerdote, jogador de truco e violinista. Meus pais resolveram confiar-me à terceira das virtudes de Rosáenz. E meu quarto começou a povoar-se de métodos de Eslavas e Fontovas. Meu pequeno ambiente, em cujas paredes haviam sempre rebotado os ecos de vidalitas, estilos e trovas paisanas, conheceu então um novo assunto: uma voz delgada e sem vontade que solfejava Redondas e Brancas e Pretas em inacabável tortura. E assim foi durante todo um ano, com viagens até a capela, violino embaixo do braço. Mas uma tarde o padre me apanhou brincando de tocar uma vidalita, com todo o comprimento do arco. Como eu não tinha destreza para sustentar o violino na queixeira, recorri à parede, apoiando nela o instrumento, e então ficava mais fácil de tocar o tema.

Foi a primeira e última vez. Foi um concerto folclórico de *début* e despedida. Porque meu professor, esquecendo o latim, disse-me algumas coisas em seu cerrado catalão e me deu um bofetão. Corri para casa e só ali pude chorar. E não quis voltar às aulas de violino. Minha pobre mãe me acusava de ser rancoroso. Mas eu não odiava o padre Rosáenz por me bater, e sim porque havia ferido a vidalita. Isso eu não lhe perdoaria jamais. E nunca voltei a estudar violino.

E as paredes de meu quarto voltaram a povoar-se de timbres crioulistas. Os ecos do pampa custodiariam meu sono e nunca ninguém ousaria castigar a tímida graça de uma vidalita. Dentro de pouco tempo, meu pai me levou à cidade para apresentar-me a um homem, um artista, um maestro: Don Bautista Almirón.

Esse instante frente ao maestro foi definitivo para minha vida, para minha vocação. Eu entrava para sempre no mundo do violão. Ainda não havia completado oito anos e a vida me dava um glorioso presente: ser aluno de Bautista Almirón!

Depois fui compreendendo que o violão não era só para temas gauchescos. Seu panorama musical era infinito, mágico.

Muitas manhãs a guitarra de Bautista Almirón enchia a casa com os prelúdios de Fernando Sors, de Costes, com as aquarelas prodigiosas de Albéniz, Granados, com Tárrega, mestre de mestres, com as transcrições de Pujol, com Schubert, Liszt, Beethoven, Bach, Schumann.

Toda a literatura violonística passava pela escura guitarra do maestro Almirón, como a derramar bênçãos sobre o mundo novo de um guri de campo, que penetrava em um continente encantado, sentindo que essa música, em seu coração, tornava-se tão sagrada que igualava em virtude o cantar solitário dos gaúchos. Já em mãos de tão colossal condutor fui estudando Carulli, Aguado, Costes. Costumava ficar até três meses na casa de Almirón, outras vezes galopava três léguas até a cidade para fazer minhas aulas e também para frequentar os cursos de idioma inglês com o professor Joseph Conlon.

Na casa do maestro, uma de suas filhas, Lalyta, avançava cada vez mais segura, com bons dedos e claro entendimento, no universo violonístico. Menor do que eu, mal e mal alcançava o pé no canto do pequeno banquinho. Mas sua dedicação havia de dar os melhores frutos.

Anos passaram. Muitos anos. Mas o maestro Almirón tem toda a homenagem de meu espírito enamorado da música. Nunca pude terminar cursos completos com ele. Foram etapas interrompidas por minha pobreza, por estudos de outra índole, por traslados da minha gente e por giras de concerto de Don Bautista. Mas estava o signo impresso em minha alma e para mim já não haveria outro mundo além desse: a guitarra! A guitarra, com toda sua luz, com todas as penas e os caminhos e as dúvidas. A guitarra com seu pranto e sua aurora, irmã de meu sangue e meu desvelo para sempre!

III

RUMO AO NORTE

"Começa o pranto
Do violão.
Chora.
Como chora o vento
Sobre a nevada.
É inútil calá-lo.
É impossível calá-lo..."[23]

Federico García Lorca

Roca era uma aldeia naquele tempo. Tinha, como tantos povoados da planura, um par de comércios, uma escola, uma capela, uma cancha de bola[24] (cujo bar era também sala de concertos), um curandeiro e uma velha estação ferroviária.

Depois, um vasto rancherio – cinturão de palha e adobe – com seus pequenos currais.

---

[23] Tradução nossa.

[24] Tudo indica tratar-se do jogo de "pelota" ou "frontão", popular na região nessa época.

Ali residiam os peões, os gaúchos, os trabalhadores temporários, os homens de curtido rosto, de firme olhar, fortes mãos calejadas, homens de muito pampa galopado.

Ali se desvelavam os violões. Nas abertas noites estreladas, cantavam as Galván. Eram quatro irmãs, dotadas de bela voz, que noite após noite adornavam sua pobreza com os melhores luxos de uma vidalita ou de alguma outra nostálgica canção da planura.

E no silêncio da aldeia tudo parecia mais belo quando as Galván somavam ao mistério da noite as quadrinhas daquele tempo.

Suspendendo nossa ronda e brincadeiras de corrida, nós, a gurizada, escutávamos lá do pátio da estação ferroviária o claro e distante canto das Galván.

Sabíamos que se acompanhavam com o violão, mas a voz do instrumento, mais do que ouvida, se adivinhava nos intervalos e pausas. Só as quatro vozes femininas, como emotivas trepadeiras, subiam pelos fios da lua para devolver ao Vento os velhos cantares do pampa...

Caminho longo,
Vidalita
Dos sonhos meus.
Por ele vou andando
Vidalita,
coração ferido...

Essas lembranças dormem em meu coração há muitíssimo tempo. Alguma vez apareceram, como duendes debruçados sobre a taipa de pedras da minha existência. Sobretudo uma noite, quando escutei – homem já – na praça de Santa María de Catamarca, um grupo de meninas cantando a Zamba de Vargas sob a lua.

Mas esse andar sobre a formosa terra catamarquenha já tinha outro sentido. A vida me havia soltado todos os seus lobos e eu transitava pelos caminhos da América ostentando pisaduras, atalhando gritos recônditos e entrando nos matos para ocultar meu pranto.

Mas aquela vidalita da infância, por sua vez, prolongava a imagem da inocência, e tudo era música para mim. Até o medo se fazia música em meu coração, porque a candura, os cantos e o lar me enchiam de candeeiros o caminho...

Uma noite os deuses puseram na boca de meu pai a frase que haveria de fixar definitivamente meu destino de guri agarrado ao feitiço do violão:

— Vamos para Tucumán!

Essa noite a terra desenredou todos os seus caminhos para oferecê-los a mim. Floresceram todas as constelações de minha fantasia. Meu coração se ajoelhava perante o Vento para jurar-lhe amor e lealdade e somar-se à grei de buscadores de cantos perdidos. A partir dessa noite começava o pranto da guitarra.

"É inútil calá-la.

É impossível
calá-la...”

Partimos rumo ao norte. Não posso precisar minhas sensações quando olhei o potreiro onde pastavam meus cavalos preferidos. E a alameda e o corredor e os altos galpões e os paisanos recorrendo.

Os passageiros falavam de assuntos que eu não entendia. A palavra guerra era estranha ao meu mundo, ainda que algo me fizesse pressentir seu sentido terrível. Era agosto de 1917 e um lento trem, envolto em polvadeira, me levava rumo ao norte da pátria. Ninguém teria sido capaz de disputar comigo o lugar junto à janela, de onde me eram brindados os mais mutantes panoramas.

A luz estava cheia de violões. Ali estava minha academia, minha universidade. E essa pequena viola que levava junto a mim parecia vibrar, recebendo quem sabe que mensagens de amor e de pena, de graça e solidão.

Antecipando-me ao enfeitiçado canto das cigarras, penetrei a terra santiaguenha. Era como cavar fundo até achar a raiz da árvore em cuja seiva se nutriu meu sangue. Meu pai, comandando os anseios de toda a família, olhava em direção ao bosque na meia tarde quente. O pago o ganhava até molhar seus olhos enquanto cruzava essa região de algarrobos, pencas[25] e quebrachos. Seu pago!

---

[25] Ver glossário.

Lá no fundo dos matos, onde o mistério dourava seus méis, dormiam as velhas vidalas que alimentaram seu coração de *quichuista*[26].

As pequenas estações se escalonavam na estrada. Real Sayana, Pinto, la Rubia...

Multidão de guris assaltava as janelas oferecendo empanadas de frango (na segunda mordida tropeçávamos em algum dente de *vizcacha*[27]), pequenas caturritas, sabiás emudecidos de terror, cigarros de palha e leques de plumas.

A noite veio, por fim, apagando essa pobreza que nos feria, esse durar rodeado de nada, essa condição de vida que nós não podíamos remediar.

Quando apontou a aurora, a terra tucumana, como adivinhando todo o amor que haveria de despertar em mim, estendeu suas pastagens verdes, idealizou o azul de suas montanhas e levantou seu mundo de canaviais para receber um guri de escassos dez anos que chegava do distante pampa inesquecível com o coração ardendo como uma brasa no peito e uma pequena guitarra, onde timidamente florescia uma vidalita.

Empurrado pelo destino, protegido pelo vento e sua lenda, a vida me depositou no reino das zambas[28] mais lindas da terra.

---

[26] Falante do quíchua.

[27] Roedor presente em algumas regiões argentinas.

[28] Dança e forma musical popular argentina. A coreografia tradicional, em pares, sugere a conquista amorosa.

Eu levava um caderno de anotações para registrar minhas impressões desde que abandonei o pampa onde nasci. Mas não sei por qual estranha razão esse caderno não recebeu jamais uma nota sobre Tucumán.

Talvez fosse porque tudo o que vivi desde então nessa bendita terra haveria de ficar escrito em meu coração.

Assim andei os caminhos da Tucumán daqueles tempos; uma Tucumán que logo vivi durante muitíssimos anos e que mudou ou esqueceu muitos costumes que foram tradicionais. Assim transitei seus arrabaldes, escalei sua montanha, pela qual um dia despenquei ante os olhos horrorizados de meus pais, para salvar uma laranja que me escapou das mãos.

O que hoje é Avenida Mate de Luna se chamava caminho do Peru. Era uma larga via bordeada de tipuanas, paineiras[29] e amoreiras, que então contava com um pequeno trenzinho para aproximar-se do que hoje chamam La Floresta. Ali havia uma vertente e uma pequena feira. As mulheres vendiam empanadas, rapaduras[30], queijos. E havia harpas e guitarras sustentando a permanência lírica da zamba.

A viagem se fazia em bolantas[31] e coches puxados por cavalos e mulas, até a encosta do Aconquija. E os paradouros eram el Molino, a Yerba Buena e o arroio

[29] No original, "yuchán" (ver glossário).

[30] No original, "chancaca" (ver glossário).

[31] Volanta ou volante, bolanta ou bolante. Carro puxado a cavalos. Denominação comum ao Rio Grande do Sul.

da Carreta Volcada. E nesses lugares sempre se dessangrava a copla. Porque à sombra generosa dos algarrobos e aroeiras as guitarras tucumanas, incansáveis, pausadas, adoçavam a tarde. A música parecia esgotar-se, morrer ao final de cada zamba; e de novo renascia seu manancial de saudades. Os rasqueados eram precisos, ao mesmo tempo suaves e firmes, talvez mais fortes nos primeiros quatro compassos, que indicam o início da busca simbólica do amor, que ordenam o gesto de serena altivez antes de elevar o lenço; em seguida os rasqueados cobravam especial ternura, enquanto o cantor resolvia as frases que fechavam a quadra. E era esse o momento em que o bailarino estendia o braço, como se a ave branca que sua mão aprisionava buscasse um gesto de planeio e descida sem pressa; como se o lenço quisesse contemplar sua própria sombra no solo.

Escutei esses detalhes da dança muitas vezes quando menino e Deus sabe quanto me ajudaram, tempos depois, quando todas as paisagens guardadas na alma começaram a liberar-se de mim em asas de zambas que escrevi, para pagar a Tucumán minha enorme dívida de emoção.

Aconquija!

Conheci depois multidões de montanhas, infinitos cumes, imponentes serras. Mas nenhuma tão cheia de música como a augusta montanha tucumana daqueles tempos.

Por momentos acreditei que todo o Aconquija era uma salamanca prodigiosa, em cujas grutas guardava sua tremenda carga de cantares o Vento aquele, cuja lenda me lançou pelo caminho das guitarras.

Minha gente mantinha relações com alguns tucumanos residentes na capital da província, em Tafí Viejo, em Ranchillos, em Simoca.

Nas tertúlias dos mais velhos, era meu prazer participar. Tratavam temas da terra, falavam de homens, de caminhos, de paisanos e montanhas, de antigos tropeiros, acontecimentos, causos.

Assim fizeram-se familiares os nomes de Oliva, Jaimes Freyre, Ezequiel Molina, Valdés del Pino, Cañete, Rivas Jordán, Oliver. Deles escutei pela primera vez a palavra "baguala", uma tarde em que discutiam sobre o canto dos kollas[32]. O maestro Cañete, músico da banda militar, autor da "Zamba del 11", sustentava o nome de "baguala". Oliva, no entanto, inclinava-se pela denominação de "arribeña".

Poucas zambas e canções levavam um nome definido. Geralmente eram identificadas por alguma frase já popularizada de sua letra ou estribilho, ou de sua região de origem, ou do lugar onde foram escutadas. Daí que muitas zambas alcançaram notoriedade com nomes como "La del Manantial", "La de Vipos", "La carreta volcada", "La Anta muerta", "La chilena monteriza".

---

[32] Povos indígenas que ocupavam o sul do império Inca e se assentaram principalmente nas atuais províncias do norte/noroeste argentino.

Muitas dessas zambas escutei. E depois, passados os anos, tornei a ouvi-las, ainda que ligeiramente mudadas em sua linha melódica e com outros nomes. E também soube que na velhice apareceram seus "pais".

Durante cem anos, as belas melodias tucumanas haviam adoçado os domingos da lavoura, sem que a ninguém ocorresse apropriar-se delas. Os músicos honravam-se com tocá-las e cantá-las. Não estavam escritas. Eram canções do Vento, eram fiapos achados porque sim, se aproximavam das guitarras e das harpas para adornar a tristeza, a nostalgia, o amor ou a esperança dos homens.

Cada região tinha uma modalidade particular, mas se existiam cinco versões de uma mesma zamba, todas ostentavam um mesmo caráter tucumano. Tinham "o mesmo ar". Apresentavam igual fisionomia; um coração ternamente dolorido, um discurso fácil e lógico, compreensível; uma pequena história de amor e de ausência, um azul empanado de cinza; um espírito doído pela ingratidão, e sempre elegante, cantando os assuntos de sua juventude com a melhor pureza.

O homem tem um idioma. A terra tem uma linguagem. E no canto popular o homem fala com a linguagem de seu território. Nele se expressa o mato florido, o rio largo, o abismo e a planura, ainda que os versos não tratem em detalhe as coisas da região. A música, a pura melodia, desenvolve seu canto e traduz "o pago", a região.

O homem canta o que a terra lhe dita. O cantor não elabora. Traduz.

IV

PASSAVAM OS CANTORES

Passavam os cantores...

Ao final do verão, como os pássaros, passavam os cantores buscando aninhar-se nos corações mais cálidos.

Levavam violões de luto, cobertos por capas negras. E se usavam violões de tipo espanhol, com cravelhas de pau.

Seu repertório era do mais variado: tangos, fados, valsas, glosas, cifras e estilos. Só nos provincianos do norte as zambas brincavam seus melhores luxos.

Não existia a radiotelefonia. Não havia microfones nem alto-falantes. Tudo se cantava a viva voz, sem mais auxílio do que a vontade de cantar.

Era um desfile de homens, e algumas moças, que percorria o país, de povo em povo, deixando uma canção, uma singela lembrança, uma emoção perdurável.

Passavam os cantores...

Levantavam sua tribuna lírica nas canchas de pelota, nos bares, nos refeitórios das pensões, no salão das sociedades de fomento. Ou sob as árvores, quando havia carreirada, e nas canchas de bocha, quando havia jogo do osso.

Eram os amigos do Vento que saíam a cantar pelos caminhos.

Eram pobres, porque sempre cantavam para o povo. E o povo tinha poucas moedas. Sua fortuna brilhava de outra maneira. Era um tesouro que já não cabia no cofre do coração.

E essa riqueza não se amesquinhava:

"Moeda que está na mão
Talvez se possa guardar.
Mas a que está na alma
Se perde, se não se dá..."[33]

Machado

Passavam os cantores com sua carga de versos, com suas histórias de duelos crioulos, de rebenques fatais, de carreira brava, de invasões indígenas e cativas, de cavalos mouros e cavalos baios, de tostados e alazães ligeiros como uma flecha; com suas trovas de amor galante onde campeava o eco da literatura do século dezoito. Passavam os cantores com seus "versos fortes", plenos de rebeldia, fustigadores de toda injustiça, letras que denunciavam

[33] Tradução nossa.

o abuso e a exploração do pobrerio, trovas exaltadas e corajosas unidas aos nomes de Barret, Fernández Ríos, Ghiraldo, Castro, Díaz, Pombo, Acosta García.

Cada paisano se sentia traduzido pelo ânimo do canto. Cada crioulo se sentia menos só porque alguém estava cantando as coisas que lhe buliam no coração.

Passavam os cantores, somando-se à paisagem romântica do tempo. Santos Vega ainda não era uma lenda. E o *Martín Fierro*[34] se vendia a vinte centavos ou se dava de "inhapa" com um barril de erva.

O Cacique Benancio havia morrido. Roque Lara tropeava gado cortando alambrados na campanha do pampeiro; cem léguas ao sul, Bairoletto se entreverava com a polícia e alguns payadores[35] cantavam suas "façanhas". E Fabián Montero, gaúcho bravo, escapava dos currais das delegacias do pampa apenas assobiando a um potro bragado que saltava cercas e se estirava, fingindo--se de morto, quando assim ordenava o dono.

Passavam os cantores, singelos, limpos, cordiais e austeros, semeando o cancioneiro da pátria por cidades e aldeias. Os violões não eram feridos por palhetas, que só se usavam para bandolins e bandurras. As violas eram sá-

---

[34] *El gaucho Martín Fierro* (1872) e *La vuelta de Martín Fierro* (1879), de José Hernández (1834 - 1886), foram a obra considerada o "poema pátrio" argentino, muito importante e popular na literatura do país vizinho.

[35] Cantores, trovadores de improviso, geralmente em desafio a outro solista, acompanhando-se ao violão.

bias em rasqueados e ponteios, em arpejos suaves e crioulos. Cada cantor tinha seu toque, sua maneira de pulsar o tema gauchesco. E a intenção se ajustava à tonalidade. Vivia-se o canto com autenticidade, com fervor. E a estima por si próprio e o respeito ao auditório faziam com que ninguém cantasse frivolidades. O destino do canto era sério porque estava ligado ao destino do homem.

Eu era apenas um adolescente. E passava meus dias entre o trabalho, o estudo e o esporte. Mas tudo isso ficava postergado quando, na noite, o Vento me acercava a voz dos cantores.

Já não tinha meu pai junto a mim e era o responsável pela família. E era guri e gostava de correr pela planura, e entender a magia e os linotipos das imprensas, e preparar meus exames e boxear e jogar tênis.

Mas a voz dos cantores me dava a luz que minha alma necessitava para não ser um rapaz demasiado triste.

Da calçada, junto às janelas, costumava escutar os trovadores que passavam por meu povoado. E não estava só. Éramos um grupo, um cacho de guris ansiosos por provar a mensagem do Canto. Com a estremecida nostalgia de meu coração, ainda agradeço aos obscuros cantores que alimentaram minha sede de saber versos. Eles não sabem todo o bem que me fizeram, todo o consolo que me alcançaram.

Logo corria à minha casa e fixava no violão algo do que escutei. E procurava aprender um novo rasqueado, uma modalidade, um arpejo.

Eu já tinha o que herdei de meu pai, de meus tios, daqueles homens que cantavam na tarde junto aos galpões, frente ao mistério do campo aberto.

Tinha em mim, ressoando como um eco sagrado, as lições e conselhos do maestro Almirón, que havia partido com toda sua família para instalar seu conservatório em Rosario de Santa Fé.

Esses fatos me autorizavam – com suas lógicas limitações – a discriminar sobre o cantar que escutava. Não me enganavam facilmente em matéria de temas crioulos. Quando um cantor falava e cantava sua décima, algo dentro de mim me indicava se era uma trova aprendida na cidade ou tomada do cancioneiro anônimo do pampa.

É que eu vinha da solidão e já tinha ouvido os homens que conheciam o Canto do Vento, os paisanos que recitavam a lenda do Vento e sua bolsa de coplas.

Em alguns cantores, a linguagem campeira era postiça. Trabalhosamente incrustavam um vocábulo "grosso" em seu discurso poético. E eu sorria, pensando naquele refrão: "Te peguei, Pancho".

Mas quando o trovador se espraiava tranquilo e seguro de sua mensagem, eu creio que todas as bênçãos da noite o consagravam.

Recordo um homem assim: Nazareno Ríos.

Alto, delgado e forte. Usava casaco negro, bombacha larga e lustrosas botas. Um lenço branco com monograma. Seu violão tinha uma estrela na boca. Era uma roseta de madrepérola cheia de feitiço.

Cantava com grande dignidade, impondo silêncio e respeito. Percorria com o olhar o salão cheio de homens, crioulos em sua maioria – e não era necessário pedir compostura ao auditório.

Antes de iniciar o "estilo" ou a "milonga", fazia um acorde pleno e firme. As cordas emparelhavam sua tropilha de sons, como perfilando-se à ordem do domador. E após uma brevíssima pausa, Nazareno Ríos começava seu prelúdio, expressivo, anunciador de belezas. Então alçava sua voz e nos dava o pampa em cada verso:

"Estendido nas caronas
O mundo era puro pasto.
E assim, sem ter dormido
Me desvelava nos bastos[36]
Pensando naquele olvido..."

Duas noites seguidas cantou Nazareno Ríos na cancha dos Salamendy.

E duas noites, ainda que não completas, eu ajeitava minhas antenas junto à janela para escutá-lo. Creio que de todos os cantores crioulos que passaram pelo povoado, foi Ríos quem me produziu a mais funda impressão, a mais cabal sensação de estar ouvindo um gaúcho, ao que se somava uma rara condição de artista.

---

[36] Tipo de artefato para encilhar o cavalo, correlato à sela.

Seu público o escutava com deleite paisano. Naquele tempo parecia um sucesso. Mas agora penso que a mensagem ardorosa e agreste do cantor era recebida por meia dúzia de homens. Eram coisas demasiado importantes as que cantava. E os que escutavam tinham um sentido periférico do campo. Conheciam, sim, tudo referente à campanha, ao pampa e seus trabalhos, seu pasto, suas geadas, seu verão e seu céu. Mas lhes escorria das mãos o mistério da terra. Essa dimensão a compreendiam aqueles que aplaudiam pouco e ficavam pulsando o ar depois do canto.

"Há que cuidar o de dentro,
Que o de fora é emprestado..."

Cada palavra tinha para ele um tom, uma cor, uma vibração determinada. Jamais dizia dois versos da mesma maneira. Cantava para todos mas dava a impressão de que cantava para cada um. Era o autêntico tradutor das coisas que passam pela vida do homem.

"A lonjura é boa cura...
Diz um refrão comentado.
Mas depois de ter topado
Seus olhos, melena solta
Foi mesmo que estar de volta
Como nem ter galopeado."

Passavam os cantores, tico-ticos do pampa e da serra. Nas noites outonais, nos enroupavam com a conversa dos bordões, enamorados de seu próprio acento. E a milonga era plana, estendida como um galope na planura. As cordas agudas tentavam apenas brincar com um tema, com uma ideia, sem maior desenvolvimento. E logo os bordões saíam ao seu encontro, como censurando leviandade, como pondo ordem no discurso da guitarra, como emparelhando a tropa de sons até retomar o caminho profundo, no qual homem e violão começam a entender-se para que nasça a dignidade do Canto.

Nazareno Ríos!

Ignoro em que rincão da pátria se apagou a luz de sua guitarra. Mas o Vento da lenda recobrou, graças a ele, o melhor dos cantos perdidos no pampa.

Tempos depois a vida me levou pelos caminhos junto aos trovadores daquele tempo. Os versos e os sonhos haviam de amortecer os golpes e desenganos. Acompanhei homens que sabiam cantar. Alguns deuses se apequenaram. Outros seguiram a estrada luminosa. Eu levava no meu sangue o silêncio do mestiço e a tenacidade do basco. Havia já livrado infinitas batalhas dentro de mim.

"A lonjura é boa cura..."

Me enchi de lonjuras e saudades, aprendendo os modos do canto, as formas de dizer de cada região.

Meu amor pelo jornalismo, meu fervor pelo trabalho junto aos linotipos e componedores me acercava aos jornais e cronistas. Assim, uma vez passei pela cidade de Rosario e me integrei a um jornal dirigido por Manolo Rodríguez Araya.

Eu fazia notas de viagem, crônicas do campo, narrava acontecimentos e escrevia sonetos.

Uma noite, Manolo se aproximou e me disse: "tu que és meio violeiro, te prepara para escrever sobre um: morreu o maestro Bautista Almirón".

O que passou por mim eu não saberia contar.

Sentado frente a uma máquina de escrever, rodeado de rapazes que trabalhavam cada qual em seu tema, que gritavam coisas e nomes e esportes e telefonavam febrilmente, estava meu coração desolado.

E tão longe de lá!

Que selva de guitarras enlutadas contemplavam meus olhos na noite!

O destino quis que fosse eu, aquele moço cheio de pampa e timidez, quem iria escrever um perfil do maestro.

De um tirão, como se me tivesse aberto as veias, me dessangrei na crônica. Falei de sua capa azul e de seu chapéu, de sua guitarra e de sua estampa de músico romântico, só comparável a Agustín Barrios no sonho e no impulso.

Citei seu Albéniz, seu Tárrega, sua maneira de orar nos prelúdios. Falei de seus alunos, sem incluir-me, evidentemente.

E logo caminhei, não sei por onde, na cidade desconhecida. Revivia um a um os detalhes de meu conhecimento do maestro Almirón. Tinha necessidade de falar dele só para mim, na noite. E não me animei a vê-lo morto. Quero crer que segue por aí, correndo mundo com sua capa e seu violão e sua arrogância.

"A lonjura é boa cura..."

E eu enchi minha vida de caminhos. Somei-me aos homens despertos que buscavam cantares semeados pelo legendário Vento da pátria.

Eu sempre fui um adeus, um braço no alto.
Um yaraví quebrando-se nas pedras...
Quando quis ficar, veio o Vento.
Veio a noite e me levou com ela.

V

ENTRE RÍOS

Formosa terra entrerriana
Símbolo de rebeldia
Vais curando a cada dia
Minha alma nas manhãs
Te admiro, fresca e louçã
Pelas margens de teus rios
Amo teu mato bravio,
Amo teus campos semeados
Amo teus jujos[37] molhados
Com o vapor do rocio.

A.Y.

Seguindo o rastro dos Cantos perdidos pelo Vento, cheguei ao país entrerriano. Sem calendário e com a única bússola de meu coração, topei com um largo rio, com barrancas barrosas vermelhas, com restingas bravas e pequenos barcos azuis. Além, as ilhas, os sarandizais, os espinilhos, refúgio de matreiros e serpentes, lar de gadaria xucra. Laço. Punhal. Silêncio. Discrição.

---

[37] Plantas rasteiras, ervas, muitas vezes de uso medicinal.

Adentrei esse continente de gaúchos e cheguei à Cuchilla Redonda, por Concepción del Uruguay. Levava um papel para Aniceto Almada. Dias depois – há já trinta e tantos anos –, cruzei por Escriña, Urdinarrain, e fui parar em Rosario del Tala.

Era uma cidade antiga, de ruas largas, com mais taipas do que casas. Andei pelos arredores até o entardecer, sem falar com ninguém, embora respondendo ao cumprimento de todos, pois lá existia o costume de cumprimentar todo mundo, como fazem as pessoas sem medo ou sem pecado.

No fio da noite penetrei na cidade. A luz das janelas apunhalava a rua. Alguns ginetes passavam a galope.

Procurei o mercado e entrei em um açougue. Almada havia-me indicado um homem ali: don Cipriano Vila.

Era um gaúcho alto, fornido, meio aloirado, de bigode meio grisalho. Havia um grupo de homens rodeando uma pequena mesa, paisanos e amigos de Vila. Bebiam Lusera[38] e charlavam em voz baixa. Eu cumprimentei e me arrinconei perto da mesa. Ninguém me olhou duas vezes.

Há um acordo tácito. Um entendimento. Uma voz de dentro que faz calar, esperar e ter prudência. Todo forasteiro deve conhecer esse código. Sobretudo quando se é paisano.

---

[38] Bebida fermentada de ervas, criada por uma pequena fábrica, que foi muito popular naquela época e região.

Já não havia clientes e eu não comprava carne.

Don Vila fechou seu posto, tirou o avental branco e se aproximou:

— Como vai, amigo?

— Bem, senhor — respondi.

O homem serviu um copo de Lusera e me ofereceu. Bebi um pouco e olhei o dono do posto com gesto cordial.

Daí a pouco don Vila sabia quem era eu. Poucas palavras bastaram.

Perto do rio Gualeguay, a duas léguas de Tala, me instalei. Era um rancho típico, barreado, com couros para combater a umidade, em pleno bosque entrerriano.

Eu tinha um douradilho orelhano[39], animal novo e muito voluntário. Tinha a necessária solidão. E o rio cortando o mato. E todos os pássaros cantores estendendo na névoa das manhãs seus trinados abertos.

Um ano redondo passei nesse lugar. Saía pelos caminhos, percorria léguas, desde Lucas González até o legendário bosque de Montiel. Assistia às carreiras de cancha reta de Sauce Sud, às marcações de Puente Quemado, deixava velas acesas no rincão de Lanza Vieja, respeitando rituais tradicionais da paisagem. E sempre retornava a meu rancho junto ao rio.

Don Cipriano Vila era de uma só palavra, como a maioria dos entrerrianos.

Uma vez disse:

---

[39] Sem marca.

— Aqui lhe trago um amigo. Confie nele.

E apresentou-me a don Climaco Acosta, um paisano miúdo, vestido de negro, como recém-enlutado.

Conheci muita gente no tempo em que andei por Entre Ríos. Muita gente boa, hospitaleira e discreta. Mas esses dois homens, Vila e Acosta, ganharam um monumento em meu coração. Eles rivalizavam em generosidade e crioulismo. Os vi pealar nos currais. Os vi correr no mato. Os vi participar nos festejos crioulos, dançar mazurcas, chamamés e gatos[40]. Os vi guitarrear tangendo cuidadosamente as violas.

Acosta era um homem simples e muito sensível à música. Naquele tempo, só muito raramente se pronunciava a palavra Pátria, mas a ocasião de dizê-la alcançava um alto grau de responsabilidade e respeito. Recordo o gesto de don Climaco, com os olhos brilhando de emoção e coragem e amor enquanto escutava uma dança argentina: la condición. Só o fato de haver se inteirado de que uma vez o General Belgrano a bailara o obrigava a render todas as tolderias montieleras[41] que gritavam em sua alma de gaúcho singelo, livre e agreste.

---

[40] Mazurca, chamamé e gato são três formas folclóricas dançáveis.

[41] Montiel é o nome de uma região da província de Entre Ríos. A origem é desconhecida, mas pesquisadores consideram que se deva a um povoador do início do século XVIII que possuía esse sobrenome.

Creio que só a partir dessa ocasião em que, em seu rancho, na intimidade, toquei essa dança, ganhei a larga amizade inesquecível de Climaco Acosta.

As guitarras buliam em milongas floreadas, em cifras e estilos, em chamamés e chamarritas[42]...

Nesse pago entrerriano nasci
Onde floresce o corticeiral
E na infância gaúcha aprendi
A escutar desde piá
A voz do sabiá.

Em meu andar por terras montieleras pude comprovar que o cancioneiro da região não era muito nutrido.

Entre Ríos ostentava um cantar de tipo objetivo, parecido com o que praticam os uruguaios do noroeste. Apreciava-se ali também a música guarani, e o pampa havia aportado seus triunfos, suas cifras e alguns estilos e trovas. Mas a maneira de tocar o violão era floreada, "cheia de enfeites", um pouco à maneira oriental[43].

A contribuição folclórica da zona entrerriana era mais cabal em ditados, contos e pulhas. E os entrerrianos são – ou eram – muito hábeis no trabalho do couro. Os

---

[42] A chamarrita, de origem açoriana, é extremamente valorizada em Entre Ríos, considerada forma folclórica distintiva da província.

[43] Uruguaia. Refere-se à denominação República Oriental del Uruguay, por sua vez advinda de *Banda Oriental del Uruguay*.

arreios, caronas, badanas de capincho e bicho-preguiça se fizeram famosos. Da mesma forma as badanas de fio trançado feitas com todo o luxo campeiro. Bastava passar a mão a contrapelo e já estavam frescas e prontas para aguentar galopes largos entre os matos ou ao longo dos palmerais.

Nesses tempos escutei cem histórias sobre o "lobisomem". A cada poucas léguas a história mudava; acrescentavam ou suprimiam modos e características. Entre Ríos é, talvez, a província argentina que mais versões conta da famosa lenda das florestas alemãs sobre o "lupus-homo" – o homem-lobo –, das antigas narrativas.

Os homens contavam essas histórias com toda a seriedade, entre mate e mate, nesses matos entrerrianos cheios de rumores noturnos. A piazada escutava com olhos tremendos e de vez em quando olhava para a frágil porta do rancho que o vento da noite batia levemente. Imagino a insônia da gurizada, já que nós, galopando as léguas do retorno, acreditávamos ver também, nos costados do corredor, a sombra fatídica do mito selvático.

Entre Ríos! Quanto vivi nesse ano, lá por mil novecentos e trinta, desconhecido músico, ignorado versejador, improvisado professor de escola, tipógrafo, cronista, andejo e observador, percorrendo povoados, aldeias, campanhas onde semeavam e domavam potros os famosos gaúchos judeus de Gerchunoff[44], onde o matreiro

---

[44] Referência aos personagens do romance *Los gauchos judíos* (1910), de Alberto Gerchunoff (1883 – 1950), marco da literatura judaica no continente.

entrava nas pulperias[45] e bebia junto à porta, a um tranco do cavalo, que o esperava com a rédea em cima[46]; onde a palavra superava qualquer documento; onde a queixa e o ai! eram patrimônio exclusivo das moças; onde o grito era uma aguda flecha do regozijo paisano; onde a alma se povoava de novas forças brotadas de uma paisagem sem mansidão: mato de talas[47] e rios com remansos, gado xucro, gaúchos baguais, toda a terra em armas, lança, vincha, espora e coração, sob uma lua redonda que passava sem descobrir o mistério que aninhava no fundo do homem e da paisagem...

Meu verso é pobre, pueril,
mas mesmo assim, mal traçado,
quem não se sente inspirado
para cantar a Entre Ríos!
Se lá no mato sombrio
canta o sabiá magistral
Se sobre o santafezal[48]
canta suas penas o vento,
deixem que neste momento
eu cante o meu madrigal.

---

[45] Estabelecimentos de comércio e convivência dos gaúchos, em meio ao pampa ou outras regiões pouco habitadas.

[46] A precaução equivaleria a um automóvel com o motor ligado: a rédea já em cima do pescoço permite montar e sair rapidamente, se necessário.

[47] Taleira (*celtis tala*). Na fronteira do Rio Grande do Sul com o Uruguai e a Argentina, compartilha-se o nome “tala”.

[48] Lugar onde abunda o capim santa-fé.

Para tomar o corredor em direção ao mato em que vivia, em Tala, passava junto a um largo casarão, de várias sacadas. Era um severo edifício cinza, com jardim interno. O leque de uma palmeira assinalava o cume dos tetos.

Eu aprendi a tirar o chapéu junto à porta dessa casa sem jamais haver-me atrevido a entrar.

Cada qual tem sua maneira de honrar as pessoas que distingue. E eu não achava outro modo que dar de mão no barbicacho do meu chapéu, rendendo minha melhor saudação ao cavalheiro crioulo que habitava essa casa: Don Martiniano Leguizamón.

Tempos depois convivi com sua gente, suas filhas, damas que tinham parentesco com os Finocchietto de Buenos Aires. Ligou-me a elas uma gratíssima amizade. Mas nunca confessei essas coisas que hoje escrevo, talvez porque abrigo a esperança de que alguém, em prudente mocidade, sinta como reconforta esse minuto na noite, ao passar em frente à casa de quem nos ensinou a querer a pátria, o pago, o pedacinho de terra, cântaro guardador de todas as ternuras.

Flutuavam no ar entrerriano os versos de Fernández Espiro, de Andrade, de Panizza, de Saraví. Rascunhava seu primeiro caderno de estudante Martínez Howard. Vibravam as guitarras cultas do coronel Machado, de Surigue, de González e Barreiro. Cantavam as violas populares de Bartoli, de Badaraco, de Pitín Carlevaro, troveiros da costa do Paraná. Lá por Feliciano, o moreno Soto levantava seus versos na noite, no meio do pasto dos

Kennedy. Em Diamante, se desvelava o jovem Tejedor, a mais doce voz dessa costa. Mas nada me fazia esquecer o rincão espinhoso das portas de Montiel, passando por Lucas González, onde rezavam sua entrerrianidade Climaco Acosta e Cipriano Vila.

Eles também devolveram ao Vento os fiapos do Canto perdido. Eles nutriram de temas exemplares meu alforje de rapazote andarilho, sem calendário nem fortuna, caminhando pelos matos bravios sem mais bússola do que um desvelado coração paisano.

Ocasionalmente retornei às cidades entrerrianas: Paraná, Concepción, Concordia...

Mas não voltei a pisar a aspereza montielera, onde vivi um ano exercendo os mais diversos ofícios. Evoco agora seus caminhos, o mistério dos matos emponchados de névoa nas manhãs, o galope de meu cavalo sobre solos poeirentos ou nos largos corredores embarrados. Detenho-me frente ao rancho dos Cuello, velhos fazedores de caruncho[49], cigarritos de nobre tabaco escuro; charlo com Aguilar e Pajarito Ayala; ouço o típico grito do gaúcho no fundo do mato – e sinto meu poncho como se me abraçasse com o abraço pesado de pilcha molhada; como se de novo andasse aprendendo vida nesse mundo sagrado e agreste, misterioso e inesquecido, do bosque entrerriano.

---

[49] Ver glossário.

VI

GENUARIO SOSA, UM ENTRERRIANO

Genuario Sosa era um homem importante: era domador. Moreno, delgado e forte. Quando caminhava, afrouxava um pouco a perna esquerda, balanceando-se, como se fosse estribar.

É que à força de lidar com os potros, anos e anos, havia criado o costume de viver com uma mão cerrada, como apertando imaginárias rédeas – e quando andava "de a pé" o fazia como adivinhando a sombra de um corcovo. São coisas que nos dá o ofício...

Tinha uma risada larga como sua amizade. E a usava seguido, porque amava a vida, porque era limpo e honrado, e quando olhava, forte e para frente, o fazia com a serena altivez do gaúcho entrerriano. Ostentava uma cicatriz na testa, em forma de lua nova, lembrança de um entrevero.

Às vezes, quando alguém fazia alusão ao assunto, Genuario Sosa ria e, girando a cabeça, mostrava a nuca melenuda enquanto dizia: "Olha como são as coisas! Atrás, não tenho nenhuma. Capaz que seja porque não disparei".

Não era uma fanfarronada. Havia provado muitas vezes e todo o pago sabia que Genuario nunca foi galinha que canta de galo, nem faroleiro[50]. Era isso, nada mais, nada menos do que isso: um gaúcho entrerriano.

A cicatriz era o rastro de um duelo no meio do mato. Havia intimado um paisano que andava se portando mal com uma parenta sua e esse homem, com um comparsa, o esperou de tardezinha no passo Colorado, entre os matorrais da Costa do Gualeguay. Genuario Sosa ia prevenido porque havia fariscado algo, e quando, a poucos metros, lhe apareceram os dois no meio da picada, montados, Genuario se agachou e desatou o estribo direito enquanto detinha a marcha de seu cavalo.

Seus inimigos avançaram de vereda, um com facão e outro fazendo arma do seu rebenque, um por cada lado do caminho. Sosa sabia que animal montava, e quando calculou que chegava o instante, cravou a espora e obrigou o pingo ao salto para a direita. O rebencaço se perdeu no ar, mas o estribo de Genuario caiu sobre a

---

[50] No sentido de "falador", "fanfarrão".

cabeça do cuera, que aí, no mais, ficou no chão, desmaiado, esticado como lagarto sesteando.

Postos de frente novamente os ginetes, Genuario convidou: — *apeamos?* — O outro, sem responder, boleou a perna. Enfrentaram-se dessa vez a poncho e ferro branco. Entre negaça e rodeio, se estudavam. Não havia mais testemunha que as árvores costeiras, em cuja verde ramaria brotavam algumas flores pálidas e pequenas... A pouca distância, dois zainos e um mouro estavam quietos, alheios ao drama.

Ao cruzar a pisada para evitar um ataque, Sosa se enredou em uma espora, testavilhou, e foi aí que o outro derrubou-lhe de atravessado o punhal sobre a testa.

Foi um golpe limpo, rápido, "legal". Dizem os antigos que "o sangue incendeia os touros e os gaúchos". A primeira sensação de Sosa foi de raiva, de enorme raiva mal e mal contida. Mas a raiva cega e isso é mau. Já o cegava bastante a profusão de sangue que corria sobre o rosto.

Havia que aproveitar essa ferida como tática. E Genuario a aproveitou. Em um momento simulou que enfraquecia. Afrouxou os joelhos e levou o poncho à cara.

O outro, nem lerdo nem preguiçoso, gambeteou e avançou "de talho". Mas Genuario havia desenrolado o poncho em seu gesto e, jogando-o na cabeça do rival, esticou rápido o braço armado até despertar o primeiro gemido. O primeiro e o último.

Muitos detalhes teve esse duelo. O "dorminhoco" golpeado com o estribo havia sentado sobre a terra, a pouca distância, dolorido e meio tonto, olhando os dois homens, sem a menor intenção de intervir.

Genuario teve que se encarregar dos dois. Os "cinchou" até o povo e ali os entregou e se entregou.

Esteve vários anos "na gaiola". Tinha sido atacado e se havia defendido com todas as regras da honra gaúcha. Sua consciência estava tranquila. Por isso não se viciou em valentonadas nem se fez soberbo na cadeia. Quando saiu, seguiu trabalhando em seu ofício e em seu pago. Ali o conheci, nas costas do Gualeguay.

Algumas tardinhas saíamos a cavalo. Passávamos pelo velho casarão de don Martiniano Leguizamón. Recordávamos as obras daquele narrador inteligente. Uma vez perguntei-lhe se havia lido algo de don Martiniano, e ele me respondeu: "Lá em casa os guris sabem algo disso. Eu... mal e mal posso contar os calos da minha mão". E sorria, entre envergonhado e divertido. Não tivera tempo de ser de colégio. A miséria o apertou desde pequeno. Sua ciência se desenvolveu em pastos, cavalos, laços, rebenques e rastros no meio do mato. Nessas andanças viveu toda sua vida. Doutorou-se em ginetеadas e não teve consciência de sua fama de domador. Acreditava que a cordialidade para com ele era natural prêmio à sua honradez de paisano.

Agora, já há algum tempo, descansa sob os talas, em um rincão perdido de Cuchilla Redonda. Terra entrerriana o cobre. Que melhor bandeira?

Destino do canto

Nada será superior ao destino do canto.
Nenhuma força abaterá teus sonhos,
porque eles se nutrem com sua própria luz.
Alimentam-se de sua própria paixão.
Renascem a cada dia, para ser.
Sim, a terra marca seus eleitos.
A alma da terra, como uma sombra, segue os seres indicados
para traduzi-la na esperança, na dor,
na solidão.
Se tu és o eleito, se escutaste o chamado da terra,
se compreendes sua sombra, te espera
uma tremenda responsabilidade.
Pode perseguir-te a adversidade,
acossar-te o mal físico,
empobrecer-te o meio, desconhecer-te o mundo,
podem burlar-se e negar-te os demais,
mas é inútil, nada apagará a luz de tua tocha,
porque não é só tua.
É da terra que te marcou.
E te marcou para teu sacrifício, não para tua vaidade.
A luz que ilumina o coração do artista

é uma lâmpada milagrosa que o povo usa
para encontrar a beleza no caminho,
a solidão, o medo, o amor e a morte.
Se tu não crês no teu povo, se não amas, nem esperas,
nem sofres, nem gozas com teu povo,
não poderás traduzi-lo nunca.
Escreverás, talvez, teu drama de homem esquivo,
só sem solidão...
Cantarás teu extravio longe da grei, mas teu grito
será um grito somente teu, que ninguém mais poderá entender.
Sim, a terra marca seus eleitos.
E ao chegar ao final, terão seu prêmio, ninguém falará neles,
serão o "anônimo",
mas nenhuma tumba guardará seu canto...

A.Y.

VII

DESTINO DO CANTO

Levou vários anos para dissipar-se a polvadeira levantada pelos malambos[51] que Andréz Chazarreta trouxe, com seus santiaguenhos, lá por vinte e um, naquele céu memorável do Politeama[52], com a tremenda mão dada por Ricardo Rojas.

Foi um verdadeiro impacto em plena rua Corrientes. Homens e mulheres, cantores, músicos, camponeses, artistas do mato, comoviam o portenho, noite após noite, com seus "remedios", "marotes"e "truncas"[53] e os endiabrados sapateados do "malambo".

---

[51] Dança de sapateado, muitas vezes com ânimo de competição entre bailarinos. Originalmente masculina.

[52] Teatro de Buenos Aires.

[53] Danças folclóricas argentinas.

Dona Nachi, em cena, cevava mate de verdade enquanto o cego Aguirre tangia sua harpa e Giménez, Colazán e Suárez competiam nas danças mais graciosas.

Tudo era puro, honesto, autêntico. Tudo tinha o preciso grau de mistério conferido pelo pudor e graça dos seres singelos desempenhando-se na arte. Ou melhor, fazendo arte de "seu" hábito de bailar e cantar, fazendo arte de "seu" modo de olhar, flertar, vestir e exibir uma saia floreada. Em suma: fazendo arte do "seu" folclore.

Ai, vidalita,
Ramo em botões
Tu és a alma
Destes rincões!

Começava a presidência de Alvear[54], e sua esposa, com a autoridade que dão a cultura e o desinteresse, movia os fios dos melhores acontecimentos da lírica e do canto popular.

Florescia o cancioneiro da pátria.

Os santiaguenhos traziam as velhas canções dos matos, as danças seculares, os ritos salamanqueiros[55], as quadrinhas do areal, as Telesitas[56].

---

[54] Marcelo Torcuato de Alvear (presidente da Argentina de 1922 a 1928). Note-se que, como diz o próprio autor, a famosa apresentação da companhia de Andrés Chazarreta foi em 1921.

[55] Ver o verbete "Salamanca" no glossário.

[56] Dança ritual e rogativa, dedicada à personagem de mesmo nome, jovem falecida em circunstâncias trágicas, convertida em devoção popular em Santiago del Estero.

Ninguém cantava zambas, nem gatos, nem bailecitos[57], nem vidalas compostas "de última hora". Não. O temário era rigorosamente folclórico, geral, plural e anônimo.

Aqui está meu rancho, ai,
Perdido entre os jumiales[58]

As ruas portenhas pareciam respirar um ar de chañares[59] floridos, um aroma de espinilhos[60] e poejo, um sotaque de guitarras nostálgicas, um retumbar de bombos autenticamente legueros[61].

Imerge mi'a dor na bruma
que paira nos salitrais

Patrocinio Díaz, cantora e moça de incendiados olhos nortenhos, florescia noite após noite na vidala.

Levantava a caixa – lua cheia de magia e de trovas – e com ela andava, verso adentro, rastreando a nostalgia.

Quando saí de meus pagos
De ninguém me despedi

As danças argentinas, nos teatros e nas salas tradicionalistas, eram dançadas respeitando caráter, espírito e

---

[57] Dança e formato musical da região de cultura andina.

[58] Ver glossário.

[59] Idem.

[60] No original, "churqui" (ver glossário).

[61] Ver glossário.

coreografia. Distância, gestual gentil e ausência total de "divismo". Ninguém se desesperava para ser a primeira figura. Cada qual o era, no momento certo.

Os malambistas, antes de sapateadores, eram bailarinos. Ninguém era tipo "standard". Cada um tinha sua personalidade, seu prestígio de responsabilidade.

Ninguém brincava – dentro das danças crioulas – de "bolero de Ravel" nem de girar unidos cadeira com cadeira, uso espanholíssimo que notamos hoje em teatros, salas e penhas[62], onde a maioria dos evoluídos artistas crioulos luta por matar o puro do folclore, e, em seguida, luta para ressuscitá-lo "à sua maneira".

No meio da polvadeira dos santiaguenhos apareceram provincianos de Tucumán, Catamarca, Córdoba, Mendoza. Trouxeram o autêntico folclore de seus pagos, o cantar antigo, a quadrinha perdida, a trova elegante.

Amaya e Marañón, tucumanos, aportaram suas canas doces[63] com as zambas mais lindas da terra. Eram guitarras travessas, nervosas, prontas para o entrevero entre paisanos. Eram vozes de seus lugares, que cantavam com amor, com autoridade, o cancioneiro de sua região. Da mesma forma acontecia com Hilario Cuadros, Morales, Alfredo Pelaia, com Ruiz e Acuña,

---

[62] Local, comercial ou não, de reunião para apresentação de vários músicos e cantores folclóricos.

[63] Yupanqui faz aqui uma associação entre doçura do canto e a da cana-de-açúcar, cujo plantio é tradicional na província de Tucumán.

com Saúl Salinas e Gregorio Núñez, com Cristino Tapia, Chavarría e Montenegro, com Carlos e Manuel Acosta Villafañe, com Marambio Catán, Cornejo, Frías, nomes que representavam quatro províncias, quatro modalidades, distintas formas de expressar o cancioneiro. Talvez porque cada um deles possuísse uma forte personalidade artística. Todos se conheciam, eram amigos, eram crioulos e, para nós, constituíam uma academia onde aprendíamos o puro de cada zona da Argentina. Ninguém disparava na *chaya*[64] ou na *cueca*[65]; as danças eram mesuradas, senhoriais, expressivas de um estado de graça que só a música podia traduzir.

Esses cantores eram sensíveis ao aplauso do público, mas para obtê-lo jamais recorriam ao blefe. Cantavam interpretando, valorizando a palavra, o verso, a tradição e a terra.

Dizem que as andorinhas
de um só voo cruzam o mar.
É como cruzarei eu
se me deixas de lembrar

Difícil será achar alguém que se plante na frente da moça e comece a desenvolver o mistério da zamba com melhores recursos que Ramón Espeche.

---

[64] Estilo musical típico da província de La Rioja.

[65] Estilo musical típico da região oeste da Argentina.

"Sapatear não é patear o chão", dizia don Andrés Chazarreta.

Nesses tempos, uma tucumana fazia sua segunda viagem à Europa, levando aos salões mais aristocráticos a canção argentina. Era Ana S. de Cabrera, fina dama, hábil guitarrista que caminhou os mais claros caminhos do canto popular. Cantou "bailecitos", "vidalitas", trovas diversas ante os públicos mais exigentes. Uma noite, na primavera da Europa, a rodearam reis e condes, princesas e nobres cavalheiros. Foi no palácio de Alhambra, em Granada, onde realizou seu concerto a convite de Alfonso XIII.

Estou seguro de que nessa noite esteve presente uma rainha que superava em linhagem e qualidade a todo o auditório: a Zamba, a dança mais formosa de nosso país argentino.

A Banda Oriental nos enviou seus cantores formados, cabais, destros no violão. Muitos estilos, cifras, milongas e coplas do Uruguai andaram por nossos caminhos, como rastreando o milagre do canto que produziram tempos antes os Podestá. Humberto Correa, Miguel Gúrpide, Gravis e Pascual cruzaram muito pampa nosso cantando e semeando os luxos de sua terra. Eu os ouvi, lá pelos matos entrerrianos, quando a gauchada galopava léguas para escutar um estilo bem cantado, uma cifra heroica, uma canção dessas que o Vento perdeu para que a encontrem os desvelados cantores da pátria.

Assim, atrás da polvadeira santiaguenha, atrás do solo lírico de mendocinos[66], cordobeses[67], catamarquenhos[68] e tucumanos, apareceu de repente em Buenos Aires uma voz cálida, intimamente crioula. Essa voz entregava nos salões nativistas uma série de zambas anônimas, plenas de paisagem traduzida com acento nostálgico; essa voz que dava o tom lírico-popular da tucumanidade. Sim, chegava de Tucumán – e nenhuma outra voz de povo poderia ter representado melhor essa região de canaviais e montanhas boscarejas, de gente singela, tosca e romântica ao mesmo tempo, região da zamba, da vidala, da baguala do alto vale, região das guitarras serenas e profundas, região de nuvens e lenços, de sonhos e trabalhos.

Era a voz de Martha de los Ríos, que aportava ao caudal folclórico a força de um temperamento raramente dotado, a inquietude de um coração cheio de amor para o canto da terra.

Também és grandioso quando a doce estrela
lança do céu sua luz sobre tua têmpora.
Quando a lua branca chispeia sua claridade
banhando com seu lume tão plácido e tão belo
teus bosques de nogueira, de cedros e louro.
Oh, Tucumán, eu evoco teu esplêndido Aconquija,
evoco tuas risonhas colinas Yamaní!

---

[66] Referente à província de Mendoza.

[67] Referente à província de Córdoba.

[68] Referente à província de Catamarca.

Mas o grande e belo, de Deus obra precisa,
que de teu céu diáfano o manto azul abriga,
são teus floridos bosques às margens do Salí.[69]

O. Oliver

Passavam por Buenos Aires vozes de moças artistas, vozes gratíssimas: Julia Ferro, La Serranita, Margarita Silvestre, Virginia Vera, Zulema Ucelli, Celia Louzán. O canto argentino luzia bem alto na boca dessas cantoras que mantiveram durante anos o prestígio do cancioneiro popular.

Quando presencio o espetáculo dos novos valores – ou melhor, das novas figuras do canto crioulo – costuma doer-me em alguns a vaidade que ostentam, a suficiência – frágil arma que os empavona, o irrefreável desejo de brilhar logo e alto, ainda que não estejam preparados ainda para o exato e transcendente da arte. E lembro dos velhos cantores que apareceram atrás da polvadeira dos primeiros santiaguenhos, os que comoveram Buenos Aires com um cancioneiro autêntico, anônimo e antigo. Evoco a trajetória daquela moça tucumana, Martha de los Ríos, sua singeleza, seu cuidado em aprender e dizer cabalmente o tema em estudo, sua ausência de vaidade, que a engrandecia, seu largo sentido da amizade, sua tucumanidade evidenciada a cada momento. E não posso menos do que render a homenagem da melhor lembrança para os cantores daquele tempo que passearam seus cantares por Buenos Aires, onde cabiam os desvelos e a nostalgia dos provincianos.

---

[69] Tradução nossa.

VIII

A CORPACHADA

Eusebio Colque detém a marcha de seus burros no Angosto de la Vertiente. O passo é estreito e a carga poderia chocar-se contra o paredão do cerro, fazendo as bestas perderem o equilíbrio e se separarem.

Há que descarregar. O homem desata as reatas, afrouxa os ajoujos; suas mãos hábeis puxam as pontas "certinhas", sem nós – e cuidadosamente deposita na terra os dois barris de bom vinho do vale e outras coisas.

Em seguida, conduz de tiro[70] seus burros uns cinquenta metros, até onde o caminho se alarga. Transporta depois, no braço, as cargas, e se dispõe a acomodar de novo. Prepara ajoujos e reatas, puxa, compara, mede, ajusta, finalmente decidido. Tira o poncho com o qual

---

[70] Puxando pelo cabresto. Do espanhol "tirar", puxar. Expressão compartilhada no sul do Brasil.

vendou os olhos dos cargueiros e faz estalar uma ordem em seus lábios ressecados e segue a marcha vale acima.

Eusebio Colque vai levando as encomendas para seu patrão, que o espera em um posto de Falda Azul.

Saiu de Tilcara quando o cristal da alvorada se destroçava no canto dos galos. Saiu com as *ushutas*[71] úmidas de noite, de sombra, de bruma, depois de corretear[72] pelo potreiro para agarrar os burros. Seu heroico calçado indígena molhou-se com o pranto dos pastos. Ainda na meia-tinta da aurora, como um diamante, uma gota de orvalho agarrada ao tento do garrão fazia quebrar a luz da última estrela de abril.

Com um trago de aguardente e um *acuyico*[73] bem cheio de boa coca *yungueña*[74], ponteou em direção ao Alfarcito, encosta acima. E assim, hora após hora, observando a carga, os burros, o céu, os penhascos e o campo, foi ganhando distância. Cerro Pircado[75], Corral de los Huanacos, Piedra Parada, Huayra-Huasi, Falda Larga, Corral de Ventura, La Puerta, Quirusillal[76], todos esses nomes são etapas sem descanso, são jornadas vencidas pelo kolla dos vales altos. Em todo esse trajeto, só dois

---

[71] Ver glossário.

[72] Percorrer todo o espaço, correndo, para uma atividade como a descrita. Comum ao Rio Grande do Sul.

[73] Ver glossário.

[74] Idem.

[75] Idem.

[76] Idem.

ranchos mal e mal levantam suas cumeeiras sobre o pedregal. De resto, pedra, areia vermelha, vento forte e canto de água levando em direção à quebrada mensagens de solidão...

* * *

Eusebio Colque marcha na tarde fria e fugitiva. Está a duas horas de Falda Azul.

Nas lombas, o vento faz estremecer os pajonais e, pouco a pouco, as sombras roubam a paisagem. Algum pássaro silencioso passa roçando as lombas rumo a seu ninho solitário.

No caminho, o coração de Eusebio tem ressonâncias estranhas. Pode viajar costa arriba ou costa abaixo, submergir em seu mundo interno, aprofundar-se em seus problemas sem distrair-se por isso, sem deixar de tanger suas bestas, compor sua carga e observar o estado da senda.

Eusebio Colque tem uma idade indefinida. Poderia ter cinquenta anos, e ninguém exageraria adjudicando--lhe mais de sessenta.

Nada mais difícil que acertar a idade justa de um kolla. O montanhês do norte de Jujuy, nesse sentido, desorienta sempre. Na montanha se mantém a tradição oral, herança de pai a filho; as confidências tratam tanto de coisas do lar indígena, íntimas, sobre a casa, o sangue, o curral e os cerros, como podem estender-se ao relato de velhos acontecimentos, lições morais, conselhos e prevenções, em que intervêm lembranças de pessoas desaparecidas há muitos anos. Ou seja, não é esta memória do homem que nos confunde sobre sua idade. Tampouco é o silêncio, pois cala sempre, desde que nasce, até que o sol o busca, em vão, para seguir iluminando seus passos pela vida.

Agora mesmo, andando pelos caminhos estreitos onde a morte espreita em eterna ameaça, Eusebio é uma vida envolta em um silêncio grande, em um só silêncio sustentado pela força de uma ideia, pela doçura de uma lembrança ou pelo agitar-se de um mundo sem fronteiras que bole, canta, goza e chora dentro da alma humana.

Há vários milhares de homens como este no norte jujenho, nascidos na Quebrada ou na Puna, ou na selva que limita a montanha com o desconhecido. Rosto acobreado, traços definidos, corpo pequeno e rijo, incansável caminhante, observador inteligente, supersticioso por raça e por tradição, lírico, fiel, como também esquivo, formosamente selvagem, como a paisagem que o viu nascer...

* * *

Eusebio Colque está apurado. Sabe que hoje foi dia de marcação nos campos de Mamerto Mamaní. Foi ele quem encomendou os barris de vinho, "caso a *chicha*[77] fosse escassa".

Por isso quer chegar ao curral antes que termine a lida. Conhece a quantidade de terneiros em que colocarão marca e sinal, os touros que castrarão, e calcula que, ao cair a tarde, se encerrará gado no curral para iniciar a cerimônia ritual da corpachada, homenagem de devoção e gratidão à Pachamama[78].

A corpachada! Como haveria de perdê-la, ele, que desde guri esteve em todas as corpachadas do cerro nativo!...

Os burricos desceram por áspera senda até o rio de Quirusillal e remontam agora a última encosta, mansa já, sem pedregal que lastime os passos.

Na tarde, onde uma claridade estranha e melancólica resiste à bruma, marcha a tropa. Atrás dos burricos, Eusebio, pequeno e silencioso, com o poncho calado, colocando a cabeça pela janela da pilcha indígena para contemplar o mundo encaixado entre os cumes de seu pago nativo.

Por momentos o huayra[79] alivia o nublado, enfraquecendo-o, fazendo-o estender o vôo, assentando-o logo por aí; por instantes volta, o leva longe, com inten-

---

[77] Bebida alcoólica fermentada, presente em vários países americanos. Na Argentina, usualmente é feita de milho.

[78] Divindade indígena andina feminina, relacionada à terra, à natureza e à fertilidade.

[79] Ver glossário.

ção de despedaçá-lo entre as pedras, o resgata em seguida e o entretém na meia altura sem decidir se o abandonará em algum lugar. Já não tem cores o céu sobre os cerros do oeste. O frio e a cerração roubaram da luz da tarde seus melhores matizes. Até as matas da puna[80], duras e amarelas, têm agora o tom pardo e dolorido da terra. É a hora em que começam a animar-se os mistérios da montanha, é o minuto longo do ocaso do vale, da luz acinzentada, o cascalho que se suicida arrebentando-se no fundo dos huaycos[81], de onde chega, clara e doce, a voz dos rios reclamando a luz da primeira estrela...

Envolto em seu poncho puído e amigo, Eusebio Colque chega ao curral do passo[82] de Falda Azul.

* * *

Os peões estão terminando de encerrar o gado no curral. Todos estão emponchados, porque a cerração parece "garvia", como chamam a garoa. Sobre os pastos amassados, aqui e ali se imobilizaram os laços e estão sujos de terra, de pelos e de sangue. Trabalharam muito, esses laços. Nas lidas indo-crioulas desses lugares, como também em outras regiões, o laço é o prolongamento do

---

80 Planalto árido e elevado, na região andina.

81 Neste caso, covas ou fendas na montanha.

82 No original, "abra" (ver glossário). Em algumas passagens, optamos pela acepção de "passo".

braço humano e a presilha parece estar sujeita ao coração do homem, afirmado em anelos e coragem campeiros.

Ao meio-dia havia começado a marcação. O patrão e o posteiro, os primeiros a iniciar a pealada, derrubaram o casal de vacuns que seriam os "noivos" da marcação deste ano: um tourinho de ano e meio e uma terneira de olhos úmidos e mugido clamoroso.

Brigidita, a posteira de Molulo[83], batizou as bestas fazendo-as beber chicha. "Os noivos brigavam" para se desfazerem do laço que os mantinha contra o solo, lombo com lombo. As mulheres coroaram as guampas[84] com flores de lã tingidas de vermelho, amarelo e roxo. Todos palmearam os quartos "dos noivos". Isso dá sorte.

Logo, não houve braço ocioso. Entre gritos e tropéis, gracejos e quedas, animou-se o curral. Para longe fugiram os pássaros do passo, refugiando seu medo nos bosquezinhos das quebradas...

Perto da porta do curral estão as brasas para esquentar as marcas. Bom fogo reparador, que perfuma o ar com odores de carne assada e abóboras feitas no borralho, a céu aberto. Ali preparam o *yerbiao*[85] com álcool, bom fogo por essas alturas, mantido por kollas floristas[86] e rapazes comedidos.

---

[83] Localidade em Jujuy.

[84] No original, "huampas" (ver glossário).

[85] Ver glossário.

[86] Moças que jogam flores, na cerimônia ritual.

Eusebio Colque está aí, junto ao fogo, saboreando o *yerbiao*. Alguém se encarrega de sua tropa. Alguém o informa sobre o andamento da marcação.

Sob o brumoso anoitecer, com as abas dos chapéus caindo sobre as caras como capotas, os homens e as mulheres de Falda Azul se dispõem a *corpachar*.

Junto ao palanque, no centro do curral, fizeram um buraco no qual enterrarão os sinais postos nas reses, os pedaços das colas, as folhas de coca, a *chicha*.

Mamá Rosa, velha posteira, dirigirá a cerimônia da *corpachada*, rito de gratidão indígena para a Mãe dos Cerros, para a máxima divindade da montanha, para Pachamama, mistério criador da força que anima a vida andina, que auspicia a viagem, que ajuda a viver e a morrer, a amar e a esquecer; para Pachamama, deidade desconhecida e bem-amada, que tem seu refúgio nas grutas ignotas da serra, entre música de quenas[87] invisíveis, harpas encantadas e tepidezes inefáveis; para Pachamama, dona e senhora dos picos e dos pastos, das bestas e dos homens, a que se irrita nos tremores, a que protesta no rolar dos trovões, a que extravia o escavador que ofende a terra buscando ouro, estanho e chumbo; para Pachamama, a que sonha quando a lua é grande, a que suspira quando o ar é suave, a que chora com o choro fresco e mudo dos pedregais, a que busca no silêncio das choças as caras entristecidas e os olhos pequenos,

---

[87] Flauta andina.

fechados mais que pelo sono, pela fadiga de andar, de sofrer, de esperar...

Estão *corpachando*, os kollas, no passo de Falda Azul.

No buraco do curral, todos depositam suas oferendas: coca, tabaco, franjas, crinas, sinais, flores humildes feitas pelas posteirinhas. Se essa gente pudesse viver sem coração, os homens os enterrariam – cofre de angústias, de cantares e de gozos – nesse lugar simbólico.

Mamá Rosa, solene, canta. Nas quadras *corpacheras* pedem-se venturas e benefícios, suplicam-se perdões. Mamá Rosa canta e conversa com a terra, ajoelhada em frente ao buraco: "Para que volte aos potreiros o novilho perdido. Para que a neve e as geadas não prejudiquem os pastos. Para que os guris sejam grandes e bons. Para que o tigre e a cobra não mermem o gado dos matos. Para que ela, Mamá Rosa, velha, doente e quase cega, possa dirigir futuras corpachadas..."

Eusebio Colque também tem algo a dizer à terra. Ajoelha-se. E enquanto fala, vai depositando no buraco, lentamente, folha após folha, a coca de sua *chuspa*[88] e alguma franja de seu poncho. Pelo talho estreito de seus olhos penetra o crepúsculo montanhês com seu frio, sua névoa e seu mistério, e alimenta o espírito desse homem dos caminhos.

E Eusebio murmura: "Para que meus burricos não me morram. Para que meus pés não se cansem, ainda

---

[88] Ver glossário.

que eu esteja velho. Para que minha mulher sare desse mal que não a deixa respirar. Para que meu filho que está em Yavi não seja ingrato e me traga meu neto, assim o posso ver e acariciar e contar-lhe muitas coisas que ele deve saber...”

E o buraco simbólico segue recebendo as oferendas de Mamá Rosa, de Eusebio Colque, de Mamerto Mamaní, de todos, até das posteirinhas e da rapaziada do fogo de chão, até o professor da escolinha de Molulo, *abajeño*[89] que assiste, entre curioso e comovido, à cerimônia da corpachada.

Dirigidos por Mamá Rosa, todos cantam a estrofe ritual:

Que a Pachamama os receba,
regalitos da terra...
Que a Pacha nos ampare,
que multiplique o gado...
Ainda que se aumente o curral,
que se torne céu e terra...

O ar se põe mais gelado. O nublado se assenta sobre o passo. Está fechando a noite e a alma das pedras está dolorida de murmúrios. Pelas listas dos ponchos rodam, até tremer na ponta das franjas, as lágrimas do ocaso.

Os kollas concluíram a corpachada. Circularam, cantaram, beberam, cumpriram com a terra. Agora se

[89] Habitante ou proveniente de menores altitudes ou dos vales.

dirigem ao posto como sombras enfileiradas no meio da cerração. A fila indígena porta volumes de lenha, assados, moringas[90], laços, marcas. Há só dois ou três ginetes. Os demais, como sempre, como toda a vida, fazendo sobre a terra um rastro breve com a sola heroica das ushutas.

Mamá Rosa pendura seus versos na névoa:

"Que a Pacha nos ampare,
que multiplique o gado..."

Eusebio Colque disse tudo de enorme e importante que tinha para dizer. Caminha, agora, mudo, mais leve de alma, com uma sensação parecida à serenidade. Como não haveria de escutá-lo, a Pacha!

Alta noite.

Enquanto o nublado se assenta longe, uma meia lua triste e fria vela os campos dormidos.

Por momentos, do fundo das quebradas, parte o afogado mugido de algum touro que na tarde sofreu a humilhação de seu poderio. A besta fareja e sente sua derrota e fica como alçada no bosque emaranhado dos *huaycos*.

Dentro e fora do rancho do posto dormem os kollas sob seus ponchos úmidos. Na cozinha, um fogo morrente mal e mal rompe as sombras. Algum cachorro afugenta com uma queixa os fantasmas de seu pesadelo.

---

[90] No original "yuros" (ver glossário).

Lá no curral do passo, sobre os pastos umedecidos, o ar começa a abrir[91] a lã de seu silvo, e na *puiska*[92] invisível do redemoinho roda longe uma grande madeixa de silêncio.

Às vezes, quando a lua vence as brumas errantes, a muralha de cumes parece animar-se e o pajonal povoa-se de músicas estranhas, de vozes de vertentes, de vozes altas, afinadas de lua, de vozes de seixos despencados.

Na meseta, com a cabeça baixa e as orelhas para trás, meditando mais do que dormindo, os cinco burricos de Eusebio Colque parecem atar-se com o hálito cálido em um ansiado descanso.

Branqueando sobre o campo quebrado, margeando os barrancos, estira-se, estreita e anelante, a senda que une esse mundo sofrido com a vida inquieta e mais amável da Quebrada de Humahuaca.

Agradecendo as oferendas dos filhos do cerro, desde sua gruta ignorada, Pachamama, força misteriosa da vida na montanha, contempla seu domínio de pedra, pastiçal e solidão...

---

[91] No original, "mismir" (ver glossário).

[92] Ver glossário.

IX
O VALE CALCHAQUI

Muitas foram as viagens, giras e travessias que realizei ao longo dos chamados Vales Calchaquis.

Topei com eles vindo de vários lugares. Em certas ocasiões, cheguei a eles vindo da Quebrada do Português, no sul tucumano. Em outras, me acercava ao mistério dessa terra alta a partir de Amaicha del Valle, ou descendo do Alto de Ancaste, em Catamarca, ou passando por "Las Criollas", ao fundo de San Pedro del Colalao, como quem busca o rumo de Cafayate. Ou de Pampa Blanca, em Salta, ou de Los Laureles, Río Blanco, Quebrada del Toro.

Outras vezes, depois de uma longa excursão pelo Chañi Chico de Jujuy, topei com o Cerro Moreno, Punta de los Salares, a caminho de Atacama, e virando ao sul após padecer os ventos de Acay e de Cachi, chegando em uma semana de andanças ao caminho histórico do Vale.

Fiz todas essas viagens a lombo de mula. Jamais andei por essas regiões de automóvel. Naqueles tempos, era impossível usar outro meio que não fosse o cavalo ou o muar, porque não havia outros caminhos que os de ferradura. Depois se abriram estradas entre as montanhas.

Mas estando perto e com alguns dias disponíveis, não quis chegar ao vale calchaqui de carro. Prefiro olhar para esse aspecto da minha vida, essa etapa de minha juventude, como coisa cumprida, como exercício ou disciplina da paciência e de amor à América. O sinto como uma forma de respeitar a Pachamama.

Além disso, naqueles dias nos acompanhavam os livros da conquista e os assuntos de nosso continente. Sabíamos quase de memória a tarefa de Diego de Rojas, de Villacorta, Alvarado, Jerónimo de Cabrera, Gaspar de Medina, Montesinos. Conhecíamos as aventuras daquele andaluz atrevido, o falso inca Bohórquez, seu reinado no Alto Valle, seu julgamento em Lima, sua fuga, sua desaparição.

Nos apaixonavam Rojas e Arguedas, Chocano e Darío, Palma e Freyre. Líamos com muitíssimo interesse Echeverría, Alberdi, Juan Carlos Dávalos, Canal Feijóo, Fausto Burgos, Jaime Mollins. Hernández, Javier de Viana, Herrera nos eram familiares, como também a séria obra de don Adán Quiroga, seu "Calchaquí", e as incursões etnológicas de Lafone Quevedo, de Ambrosetti e Debenedetti, de Ricci e Podnasky. Os *Comentarios* do Inca Garcilaso eram nossa Bíblia folclórica, nosso radar na bruma do mundo incaico. E nos consolavam na solidão dos caminhos os yaravís de Mariano Melgar, os huaynos[93] de Alomías Robles, os temas aymarás[94] de Cava e Benavente.

Algumas vezes, por aí, norte adentro, topávamos com gente que tinha algo que dizer ao mundo, ao nosso mundo. E é assim que em uma aldeia pequena, ou em um singelo salão de província, escutamos palestras e conferências de Torres López sobre o Amazonas, o Acre e o Mato Grosso e assistimos aos trabalhos e desvelos de um jovem musicólogo que caminhava, passo a passo, o vale e a serra imensa, anotando melodias, frases, gritos e antigas danças. Se chamava Carlos Vega. E hoje representa com autoridade e talento os homens sabedores do canto da América.

Tínhamos formado uma ideia de nossa terra. Uma ideia romântica, cheia de sonhos heroicos, sem calendário e sem fruto econômico algum. Queríamos conhecer nossa Argentina, metro a metro, cantar junto aos arroios, dormir nas grutas ou sob as árvores, passar as tardes lendo os livros que enchiam os alforjes e andar, sem outro propósito que conhecer, cantar, dançar uma zamba, conquistar um amigo, adornar de paisagens a nostalgia para que nada nos parecesse demasiado triste.

---

93 Ritmo folclórico andino.

94 Etnia e família linguística andina.

Ansiávamos por ressuscitar o gaúcho que os avós depositaram em nosso sangue, queríamos entesourar o canto do Vento e este anelo nos entregava dificuldades e desvelos.

Mas a tudo vencíamos. Fome e sede, fadiga e solidão eram para nós motivo de experiência, e jamais as sentimos como inimigos capazes de nos vencer. Queríamos merecer a honra de ter nascido sul-americanos, e cada viagem ao Vale Calchaqui era como um curso em uma infinita universidade telúrica. Driblávamos as "farras", na medida do possível. Procurávamos as "reuniões", as cenas com danças, com vidalas, com versos, com causos do campo, com referências históricas. Ou seja, cada um de nós queria aprender coisas que nos ajudassem a crescer por dentro.

Fazíamos piadas sobre a terceira dimensão, sobre o sentido da profundidade ou da consciência do ser. Mas agora penso que não era por graça a referência. Meus companheiros de viagem foram diversos, conforme as províncias e os anos, e sempre me tocaram, por sorte, excelentes pessoas, jovens ou maduros, todos bons campeiros, paisanos prudentes e sofridos, e gente com espírito. Usávamos com frequência um ditado de meu tio Gabriel:

"Pra ser alto e largo basta puchero e canjica..."

E como entendíamos que só com isso não se chegava a Homem, líamos com grande dedicação todo livro que chegava às nossas mãos e caminhávamos, sem apuro, livres como o vento, por todos os caminhos do Vale

Calchaqui. Raramente acampávamos em algum posto ou em uma aldeia. Comprazia-nos desencillhar ao ar livre, banhar os animais, atá-los a laço longo, depois lavar nossas roupas, preparar alguma comida singela.

Um anotava coisas da viagem, outro "tamborilava"[95] no chapéu, como acompanhando com ritmo uma copla de baguala. Outro, lá sobre uma taipa, meditava ou rezava.

Uma das viagens mais felizes foi a que realizei há vinte e cinco anos, com Ruiz de Huidobro e Felipe Chocobar. Os dois eram crioulos e ginetes, os dois eram capazes do maior esforço; os dois, sendo um culto e de família tradicional tucumana e o outro indígena da comunidade de Amaicha, provaram ser aptos para entrar no mistério das salamancas, para penetrar no mundo dos símbolos, para calar quando era mister ouvir o silêncio.

Iniciamos essa excursão, que durou mais de quarenta dias, em Raco (Tucumán) e abarcou terras de Catamarca, Salta e Jujuy. Fomos pelas montanhas e todo o Vale Calchaquí e voltamos pelo caminho nacional, pela pista que agora denominam Ruta 9. Só que em Lumbreras (Salta) abandonamos o largo e fácil caminho para penetrar nas serranias boscarejas de Anta, onde passamos vários dias caçando macacos e tapires americanos e rastreando pumas entre o Río Espinillo, o Cerro Pelao

---

[95] No original, "tinquiaba" (ver glossário).

e o Río de las Víboras, cerro adentro, para além da velha propriedade dos Matorras.

Levamos, além das mulas de montar, duas mulas *chaznas*[96] com os avios, roupas, livros, um charango, uma flauta de taquara e uma velha caixa vidalera. Com esses elementos e um firme coração esperançado, qualquer crioulo pode percorrer o mundo contando tradições de sua pátria e aprendendo o canto de outras terras. Sempre pensei que nada é melhor do que viajar a cavalo, pois o caminho se compõe de infinitas chegadas. Chega-se a uma encruzilhada, a uma flor, a uma árvore, à sombra da nuvem sobre a areia do caminho; se chega ao arroio, ao topo da serra, à pedra estranha. Parece que o caminho vai inventando surpresas para o gozo da alma do viajante.

Ademais, o homem tem a faculdade do canto e, como não é necessário cantar para fora, fazendo-se ouvir, o viajante "de a cavalo" pode sentir todos os versos vibrando em sua garganta sem que seja mister emitir um só som. E pode-se alcançar um estado de graça ou de emoção intensa. Eu o experimentei em longas viagens e durante anos. Muitas vezes me apontaram como se fosse uma sombra calada que passa, quando, na realidade, meu coração flutuava como a espuma no topo de uma onda e todo o canto do mundo, desde o mais esquecido yaraví até um coral de Bach, passavam ajudando a minha vida, estremecendo-me de júbilo, de pena ou de emoção. Mais

[96] Ver glossário.

de uma vez esses recônditos concertos me deixaram rendido de fadiga depois de tanta exaltação. E assim venci muitas léguas, e assim aprendi a descobrir as mil chegadas de uma longa viagem, enquanto o animal ajusta sua marcha a um rítmico tranco e os caminhos se povoam de feitiçarias em seu afã de merecer o Canto do Vento.

Penetrar no Vale Calchaquí, atravessá-lo, viver nele, significa uma deliciosa experiência. Algumas vezes um velho dominicano, o padre Robles, costumava dizer que se Deus tivesse escolhido lugar para sua paz, seria a zona compreendida entre Colalao del Valle e Tolombón.

— Ali tudo está sereno — dizia. Há uma paz bíblica, alcançada, madurada.

Eu creio que tinha muita razão em sua apreciação. Atravessei esses vales a distintas horas, em tempo diverso. Desci das neves, em lançantes perigosos, em que a mula resvala sobre barro nevado juntando suas patas enquanto abaixo e longe brama o rio. Passei, sob o chumbo da sesta nos verões, observando nas aldeias as vinhas maduras, os marmeleiros repletos, as ameixas coloreando nos pátios, os canais claros e frescos; caminhei léguas sob a lua grande dos vales, como atravessando uma senda de prata.

Muitas vezes, nas margens dos povoados, quando se busca o rumo em direção à noite aberta, ao deserto, o vale nos regalava seu pedaço de copla bagualera. Um gaúcho, um *vallisto*[97] cruzava por nós na senda com barulho de couros, *guardamontes*[98] e esporas.

A voz, áspera, mais grito que música, coleava notas acres no ar. Mas em poucos segundos, quando a distância começava a idealizar as coisas, a "baguala" alçava seu clarim de saudades, e não creio que se possa ouvir nada mais belo, nem mais crioulo.

O forte rangido dos couros se havia esfumado. E a espora era um terno tilintar cheio de encanto, enquanto a voz do paisano era como uma flecha saída do coração da terra:

" Eu sou Jacinto Cordero
a lima que corta o ferro..."

O Canto do Vento buscou as areias do Vale Calchaquí para semeá-las de coplas e tonadas[99], ditados e sentenças. Em cada rancho se abrigam os homens bagualeiros que o carnaval reclama, nessas tardes em que a chaya solta suas

---

[97] Homem do vale.

[98] Peça de couro que em regiões com abundância de espinhos se usa diante dos arreios, para defender o cavaleiro. É usual que os "copleros" a percutam com o rebenque, para acompanhar versos e cantos.

[99] Forma musical dos Vales Calchaquís, que não deve ser confundida com a tradicional tonada cuyana, das províncias do oeste do país.

pombas de farinha e a alfavaca começa seu reinado com repecho nas *trincheras*[100], zamba *cajoneada*[101] e lua cúmplice.

É uma incomparável emoção cruzar por esses vales ensolarados, olhando lá longe alguns cumes nevados, tratar com a paisanada cheia de tradição e cordialidade, contemplar esses caminhos que ganham os cumes, por onde transitaram os conquistadores, ver o amplo cenário onde os calchaquis ofereceram durante mais de cem anos tenaz resistência. Como sombras da epopeia da América, parecem escalar os altos montes e dali contemplar, como estátuas de barro e solidão, o mundo inteiro, os olhos de Chelemín, Chumbita e Juan Calchaquí.

Juan Calchaquí! Foi libertado para ir e ordenar a rendição de seu grande povo indígena, e caminhou em direção ao oeste, passando de cume a cume, e uma manhã, no alto de um penhasco, gritou seu grito último e lançou-se no abismo.

Por esses vales, no escuro olhar da paisanada, anda a alma de Juan Calchaquí, livre e senhor do vale, armado cacique de todas as tradições de bravura, coragem e sentido da soberania. Talvez muito dele alente a baguala,

---

[100] No carnaval, nessa região, existe a tradição do uso da alfavaca nos instrumentos e atrás das orelhas dos foliões, assim como o hábito de enfarinhar os rostos e jogar farinhas nos demais. As trincheras são onde se atam os cavalos, e há um jogo dos ginetes de competir por lugar empurrando uns aos outros com o peito (encontros) da montaria.

[101] Ver glossário.

nessa infinita poesia sem palavras que é o canto da inesquecível terra calchaquí.

Ao fechar este breve capítulo, quero fixar os versos de uma canção escrita há trinta anos e que nenhum cantor de fama jamais cantou. É um formoso tema de baguala dramática que pertence à coleção de um pianista que viajou muito por esse norte luminoso: Arturo Schianca.

Há muitos anos, em Salta, Schianca me disse estas coplas, com seu texto musical correspondente. Costumávamos cantá-las pelas noites, mais além de Rosario de Lerma, perto de Los Laureles, à beira do Río Blanco, onde passei longas temporadas.

E na velha cidade saltenha, caminhando entre conversa e poema, com Díaz Villalba, Barbarán Alvarado e Julio Luzzatto, costumávamos entoar essa baguala tão séria e cabal. Depois, perto de 1943, a estreei oficialmente no teatro Rivera Indarte, de Córdoba. A cantava um coro formado por estudantes nortenhos da universidade cordobesa. Desde então, não voltei a escutá-la. Um dia alguém a encontrará, formosa e esquecida em um caminho. A limpará de areias e nevadas e pensará que se encontrou com uma joia. E será verdade.

“CALCHAQUE”

Eu sou da raça Calchaque.
Raça que adora o Sol.
Sol, que nos brindou a vida.
Vida que foi de amor.

Não restaram mais que pedras
para lembrança e dor.
Desta raça Calchaque.
Destes filhos do Sol.

Já não existe, esta raça.
Não alumia meu sol.
Não restaram mais que pedras.
Coração de pedra sou!

ROMANCE DO ENTERRO KOLLA

Queimava o sol, pela branca
ruela de Maimará.
O anil do duro céu
luzindo eternidade.
Tapete brando de flores
ia estendendo o tuscal
quando janeiro dormia
sua sesta no pedregal.

Enquanto a abelha zumbia
voando no milharal,
vermelho sobre o tapete,
e sob o céu, pura paz,
pela rua longa, longa,
em feixe apertado passa
a própria morte, calada.
E a vida também, a par.

Na frente, a cruz de pau
sem nome para lembrar.
Atrás, os índios de bronze
álcool, silêncio e pesar.
Cholas com suas saias velhas,
mãos de fogão e arar.
A vida levando morte
em um mesmo caminhar.

Rosas de grude e papel
jamais hão de perfumar.
Para ajudá-las, choraram
as tuscas de Maimará.
Rumor de comadres kollas
falsificando um rezar
passou pela longa rua.
Vida com a morte a par.

Fosse a amada do homem
ou a mãe... que há de mudar?
Ou um guri sonhador,
buscador do Mais pra Lá.
Fosse algum homem dos sulcos,
um irmão do pedregal...
Passou a vida e a morte,
quem se foi e o que se irá.

Morte que passas calada
pela sesta de cristal
com reza e sandálias índias
sem pompa nem funeral.
Leva ao menos essa flor!
Que é solidão e cantar,
e esse cântaro de sonhos
quebrados no pedregal!

Quem leva a morte dentro
tem uma força vital.
Se o homem busca o imenso,
a morte há de encontrar.
Tristeza do pensamento
que pouco pode voar
e busca simples razões
para poder-se explicar...

Pela rua longa, longa,
um dia me hão de levar
com cruz de madeira índia
sem nome para lembrar.
Quero um cortejo de coplas
e por tumba, o pedregal.
Com minha noiva solidão
depois deixem-me ficar!

X

OS MISTÉRIOS DO CERRO COLORADO

Seguramente, quando Lugones, em seus magníficos *Poemas Solariegos*, fez referência às "grutas pintadas do Cerro Colorado", jamais imaginou a repercussão que sua citação haveria de ter no enxame de estudantes e estudiosos de arqueologia, folclore e etnologia, apaixonados buscadores do ontem artístico das coletividades.

Nossa Córdoba, no coração geográfico do ontem argentino, apresenta sítios arqueológicos já famosos no mundo. Nossa gente, Imbelloni, Aníbal Montes, Lozano, Márquez Miranda, Rex González, trabalhou tenazmente nos distintos Inti-Huasi[102] cordobeses. Em Ongamira, em Pampa de Olaen, em Achala, em Cuchi-Corral e em Cerro Colorado, sendo este último fronteira dos depar-

[102] Ver glossário.

tamentos de Río Seco-Tulumba-Sobremonte. Nossos aguerridos pesquisadores vasculharam todas as pedras, rochas e arenitos, até deixar a descoberto todos os sinais da cultura indígena, o labor dos artistas sanavirones[103] e comechingones[104], a influência de Tihuanacu e Cuzco nos cultos de enterros em *huacas*[105] e urnas, os ritos da viagem e da morte e as diversas manifestações do entendimento sobre a medicina, a semeadura, a luta na selva, etc.

Quase sem ajuda oficial na maioria dos casos, custeando de seu próprio bolso as excursões, escavações, traslados, etc., os "esquadrinhadores" de cerros provaram a importância dos sítios arqueológicos e etnográficos de Cerro Colorado. Foi assim que se produziu, há trinta anos, a chegada dos senhores Garner, vindos de Londres. Esses ingleses estiveram meses inteiros entre chañares, cumes e vertentes, anotando, copiando, registrando constelações nas noites. Foi deles o primeiro livro importante, nutrido, sobre Cerro Colorado. Mas levaram o Sol do Inti-Huasi, arrancado do bloco pétreo, e agora o exibem em um museu de Londres!

O sábio Pedersen vem há anos viajando pelo mundo, da ilha de Páscoa até os Pirineus. Esteve, como todo inquieto, meditando nas covas de Altamira, copiando os velhos petróglifos da Transilvânia e nas grutas azuis

---

[103] Nome atribuído a grupos indígenas que habitavam a região central da Argentina.

[104] Ver glossário.

[105] Idem.

de Starazagora, perto da Macedônia búlgara, onde os Balcãs custodiam maravilhas arqueológicas. Pois esse pesquisador, Pedersen, todos os anos, já há mais de quinze, caminha os estreitos vales do Cerro Colorado e já tem estudados mais de quatrocentos desenhos indígenas na região, determinando a idade, a condição dos povos que os produziram, comparando-os com outras culturas da América, Europa e Oceania, fazendo, enfim, um enorme labor de esclarecimento e análise. Pena que obra tão valorosa, que abarca seis grandes tomos, terá que ser publicada em dinamarquês, porque não conseguiu tocar a sensibilidade de nossos editores. Claro! São obras demasiado caras sobre assuntos "já velhos"...

Enquanto isso, Cerro Colorado, desde 15 de março de 1958, é monumento nacional. São sentinelas de suas relíquias etnográficas todos os habitantes, que somam cento e cinquenta em uma légua quadrada. Não faltam "turistas" que risquem as pedras ou furtem flechas ou danifiquem caminhos. Mas isso se compreende. Ainda há gente que não aprendeu a ouvir a voz de todos os deuses que transitam pelo sangue de nossa América deslumbrante e misteriosa. Quando se sobe as encostas do Veladero, do Cerro Mesa, do Cerro das Canas ou do Cerro dos Pumas, vai-se rumo aos lugares exatos dos mangrulhos dos comechingones. Ali se descobriram tumbas, algumas múmias. Ali se acham pontas de flecha, pequenos *huaicos* em granito. E ao longo dessa cadeia de serras, centenas de cavernas com desenhos em vermelho-preto, em vermelho-branco, com tinturas indeléveis. Cenas de lutas com pumas. Lhamas, multidão de lhamas, "enfloradas, de andar suave", como dizia Zerpa, pintadas com beleza e precisão pelos artistas aborígenes.

E lá embaixo, perto do Rio dos Tártagos, ou ao pé da Quebrada Brava, os claros ranchos da paisanada do cerro, entre figueiras, algarrobos e piquillines[106]. Ali estão os Saravia, os Bustos, os Contreras, os Argañaraz, os Guayanes, os Medina, os Samamé. Qualquer um deles tem bisavós enterrados no lugar. Ao custodiar as relíquias índias, guardam o eco dez vezes sagrado das coplas que caminharam carnavais e natais, incendiadas de amor e de amizade, de graça e de nostalgia. Porque Cerro Colorado é uma terra de violões e de cantores. Ali ninguém aprende a tocar violão. A gurizada observa os velhos guitarreiros do lugar. Os ouvem diariamente e um dia saem rasqueando um "Gato" com um sentido do ritmo e uma segurança que causariam inveja sadia nos jovens de "Guitarreadas".[107] O neto de Tristán Saire, o domador, era procurado como "musiqueiro" nos bailes de aniversário e batismo. E tinha seis anos. E Luis Martínez, maravilhoso guri de oito anos, quando, nos

---

[106] Ver glossário.

[107] Yupanqui se refere a um programa de televisão de muito sucesso naqueles primeiros anos da década de 1960, chamado "Guitarreada Crush", com apresentação de Antonio Carrizo. Jovens músicos competiam em clima de celebração do chamado folklore argentino, em pleno boom do gênero.

domingos, descem dos carros os "turistas", ao ver alguns deles com um violão, grita: "Chegou um aluno...!". E canta feliz até entrar a tarde, e sapateia, e diz de memória muito do Martín Fierro. Depois vêm os maduros: o Índio Pachi, moreno e buenaço. Roberto Ramírez, incansável e criador de chacareras[108]; o mateiro Rodríguez, cuidador do Cerro e coplero dos caminhos. E depois, todos: porque todos, em alguma medida, "rasqueiam" o violão, soltam sua copla na tarde, enquanto os rebanhos descem retouçando e as pombas cruzam de mato a mato, como uma mensagem que vai pintando sombras sobre os sulcos dos milharais.

No Cerro não há hotéis, nem eletricidade, nem postos de gasolina. Ou seja: tudo é perfeito, como cabe a uma aldeia pequeníssima, com gente singela e boa e profundamente honesta; com cavalhada flor, com fundas quebradas e plácidas areias; com um reino de sabiás, azulões, pitiguaris[109] e pombas; com figueiras e pêssegos e tunas; com aromas de douradilha, menta e alecrim; selvas de agrião nos arroios e velhas trançadoras de fios vermelhos e azuis junto a primitivos teares.

Há mais de vinte anos a vida me levou por um caminho de chañares florescidos até o Cerro Colorado. Andávamos em um velho caminhão, fazendo exibições de filmes mudos. A "tela" era um lençol cruzado nos

---

[108] Forma musical e dança típica da região de Santiago del Estero.
[109] No original, "Juan-Chiviro" (ver glossário).

caminhos, de árvore a árvore. Costumávamos cobrar cinquenta centavos "do lado que se pode ler" e vinte centavos do outro lado. Tínhamos um público de botas e esporas, de alpargatas, e quase todos de charrete ou a cavalo. Depois se realizava o "concerto" e se oferecia cinco pesos de prêmio à melhor variação no sapateado de malambo. Não ao melhor bailarino; "à melhor variação". Assim percorremos todo o norte de Córdoba e a região santiaguenha, desde Sol de Julio, Ojo de Agua, Sumampa, até os veneráveis jumiales de Salavina. Assim nosso coração se povoou de vidalas e saudades. E como os poetas não escrevem sem bússola, bendigo a sagacidade e o conselho de Leopoldo Lugones, que assinalou, para gozo da alma e retouçar de meu cavalo, as famosas "grutas pintadas do Cerro Colorado".

E CANTAVAM AS PEDRAS

E cantavam as pedras no rio
enquanto meu coração buscava em vão
as palavras exatas na tarde.

O Cerro Colorado soltou suas águias
e ficou em silêncio como um ninho vazio.
A água tem pássaros; eu ouço seus gorjeios.
A água tem penas, insônias e delírios.
A água é o causo do avô
que mediu o mundo com seu passo firme
até encontrar a areia,
e envelhecer tranquilo.

E cantavam as pedras no rio
Na harpa dourada da tarde
guardei minha copla de seixo antigo.
Veio a noite por fim,
Distinta em cada um, para a árvore,
para o ar, a pedra e o cavalo.

Eu construo a noite dentro de mim.
Corro de estrela a estrela e as acendo.
Bebo em taça de ocaso os vinhos do meu sonho.
Minha é a sombra azul e seu mistério.
Vejo como retornam os pássaros ao bosque.
Eu cuidei seus ninhos.

Os pastores já descem a montanha.
Os pastores semearam na serra seu silvo.

Já esqueci a beleza da tarde.
Triunfou a noite azul sobre meus olhos.
A noite me saiu como uma estátua.
Para fazer sua formosura saí de mim mesmo.
Eu reparti em pedaços minha noite sobre o mundo.
E fiquei esperando com a mão estendida.
Contemplando a areia, pura sombra infinita.
Eu, que fiz a noite, fiquei sem a minha noite.
Fiquei sem mim mesmo.
E o sonho me rondava sem nunca me alcançar.
E cantavam as pedras do rio.

XI

A LAGUNA BRAVA

"Eu procuro homens. Não paisagens..."

Assim me respondeu Juan Alfonso Carrizo, o folclorista catamarquenho, tenaz buscador de coplas e cantares, autor dos mais nutridos cancioneiros provincianos, estudioso, pesquisador, bom cristão e leal amigo.

Topei com ele lá por Banda Florida, do outro lado de Villa Unión, no oeste riojano, em 1940. O homem preparava seu belo *Cancionero de la Rioja*. Os professores da zona tinham-lhe preparado coplas e cadernos com lendas, chistes, maldições, rezas ou sentenças recolhidas de velhos do lugar. Depois, Carrizo, em seu retiro conventual, faria a seleção, ajustando a classificação por época e conteúdo, estabelecendo a relação entre o autóctone e o adaptado, desentranhando assim os assuntos que levam a conhecer de verdade a alma dos povos, as linhas gerais e essenciais de sua fisionomia espiritual e moral, sua inclinação à graça ou ao drama, à esperança, à rebeldia ou à resignação.

Eu estava longe dessa disciplina. Caminhava por minha terra tomado pelo mistério irresistível da lenda do Canto do Vento.

Em La Rioja, alguém me havia dito que em plena cordilheira, a dois dias completos a oeste de Jagüé de Arriba, havia três lagunas muito grandes. E uma delas com enorme ondulação, como se através da rocha andina, em cavernas recônditas, se comunicasse com o agitado mar Pacífico.

E quis ver a laguna, e por essa razão, uma noite, fiz alto em Banda Florida, na casa do professor Roberto de la Vega, onde tive o prazer de encontrar Don Juan Alfonso Carrizo.

Maio preparava seus nublados cinzentos entre os desfiladeiros da pré-cordilheira, e os paisanos jogavam um poncho *puyo*[110] sobre os ombros ao cair a tarde. Depois de umas horas de amável charla com de la Vega e Carrizo, com evocações do vale calchaquí, de Tucumán, Salta e Jujuy, com coplas dispersas e nomes ligados a nossos afetos, convidei Carrizo a subir a cordilheira e visitar a Laguna Brava. Ele então me respondeu, sorrindo: "Obrigado, amigo. Eu busco homens, não paisagens..."

No dia seguinte, parti sozinho, nomeado inspetor de solidões. Descansei em Villa Castelli, sob os tamarin-

---

[110] Poncho rústico e curto, de lã de ovelha ou lhama.

dos, junto a velhas taipas de adobe em torno de uma só rua longa. E pela tarde cheguei a Vinchina.

Don Custodio Astorga, encarregado da "Aduana", indicou-me a casa de Héctor Carreño, a quem eu devia solicitar as mulas para a aventura.

Gentilíssimo, don Carreño mandou encerrar uma tropilha, e nessa noite, após jantar, fizemos a lista das coisas para o avio. Colaboraram o professor Alanis e don Moisés González, o ancião guitarreiro de Vinchina, tropeiro retirado e cantor eterno.

González tomou o assunto como próprio, com grande zelo, e recomendou especialmente levar dois quilos de pó de carvão, "para cruzar arroios com escarcha", evitando que as mulas resvalem e caiam no abismo.

Me indicaram como vaqueano Félix Cruz, um paisano quarentão, retaco, calado. E no dia 20 de maio partimos montados em grandes muares, levando duas bestas de carga. Felizmente não havia Zonda[111] quando adentramos a Quebrada chamada precisamente "Del Zonda", um estreito corredor de dez quilômetros costa acima, impossível de cruzar sem tempo sereno. Merendamos na Quebrada de los Loros, admirando paisagens de encantamento. E chegamos a Jagüé com as últimas luzes do dia, à casa dos Robledo, onde pernoitamos.

---

[111] Vento seco e quente, do quadrante oeste.

Ou melhor, onde eu dormi, porque Félix Cruz tinha evaporado. Chegou ao clarear o dia seguinte, fedendo a grapa do vale.

Mas o homem se justificou. Havia saído para cumprimentar velhos companheiros de tropa, averiguar coisas do caminho, assuntos do andar. Portava jogos de ferradura, um pacote de velas e algumas guascas.

Na metade da manhã abandonamos Jagüé. Não veríamos mais povoações. Entre *jarillas*[112] e pajonais, por um estreito caminho, fizemos um longo trecho. Cruz ia na frente e de vez em quando eu escutava seu assovio, desenvolvendo uma breve madeixa de melodias.

Era um companheiro ideal. Não falava. Por vezes detinha seu animal e quando emparelhávamos me indicava os nomes do caminho:

"Isto é Piedra Grande. Depois vem a Barranca de Zabaley...". E dando um estalido à mula, ganhava o caminho, costa arriba.

Quando o sol endereçava para os altos cumes do Cerro Leoncito, entre o Veladero e o Plateado, vimos que nosso caminho se encontrava com outro, que ziguezagueava entre as ladeiras e se perdia em direção ao nordeste.

"Esse caminho, se o segues, te leva a Tinogasta de Catamarca", me disse. "Se juntam aqui, e em duas horas estaremos em Punta del Agua".

---

[112] Arbusto da região.

E assim foi. Quando começava a refrescar de verdade, chegamos a uma choça mal erguida, construída com lajes e portas de *cardón*[113]. Estávamos em Punta del Agua.

Ali vivia um verdadeiro solitário. Um mineiro, escavador de túneis.

"As luas, quando se gastam, se tornam quartzo", dizia o poeta.

E esse homenzinho pequeno, italiano de Piamonte, chegado menino à nossa terra, após tarefas diversas em Buenos Aires, encarou as cordilheiras e há dez anos vivia em Punta del Agua. Suas mãos, todos os dias, infinitos dias de solidão, em um deslumbramento de pedras, vento, sol e lua, golpeavam a montanha, quebrando as luas gastas que enjoiavam o mistério dos túneis.

O mineiro me falou, em longas horas e em frases breves, com uma particular noção dos intervalos, sobre sua vida na montanha. Contou-me histórias de vicunhas, chinchilas e vizcachas, de berilo e volframitas, de quartzos e nacaritas. Cruz me advertira que não fizesse perguntas. Eu considerava inútil a advertência, porque por respeito e por princípio jamais pergunto nada a ninguém. Quem quiser falar, que fale, que exponha, que se confesse, se é de seu gosto, sua necessidade, seu agrado. Desde guri aprendi, entre paisanos, que na solidão o diálogo está demais. O monólogo é o laço de um só tento que vai armando suas rodilhas, ensebadas de prudência,

---

[113] Cactos de grandes proporções, de que se aproveita a madeira.

de compreensão, e termina por pealar os mais altos sentimentos da boa amizade, da altiva e cabal relação entre os homens do campo.

Pode-se dialogar sobre a natureza, potros e pastos. Mas jamais tentar penetrar a sagrada zona do coração de um paisano, ou descobrir de golpe seu íntimo pensamento.

"Achegue-se nas pessoas por caminho largo, onde te vejam de longe; assim, não se enredam as coisas e tudo será melhor..." – dizia meu pai.

E estes ensinamentos, agrestes e valiosos, serviram para sentir-me muito amigo do mineiro solitário de Punta del Agua. No dia seguinte, quando parti em direção aos cumes, pensava, talvez por crioula intuição, que havia coincidido com Juan Alfonso Carrizo, que buscava homens para seus assuntos de recompilador, como eu buscava paisagens para a sede de meu sonho, e comprovando, por fim, que a melhor paisagem é a do Homem.

Encaramos as solidões, mulas mortas; pastos amarelos. Abra de los Chinchilleros, Corral de los Cóndores, a Laguna Verde, a Cruz de Lindoro Rios e, por fim, a Laguna Brava.

Essas etapas nos custaram três jornadas bem redondas. Alcançamos um refúgio na cordilheira, construído em forma cônica, ao qual se entrava como a um caracol até dar com um espaço amplo, no qual cabiam comodamente até cinco ginetes com suas montarias. Ali acendemos um bom fogo com lenha de *kéñua*[114], "lenha de touro"[115] e bebemos um bom "yerbiao". Do lado de fora, decidimos manear as mulas, dar-lhes um pouco de milho quebrado no bornal e deixá-las junto a uma vertente margeada por um áspero pastiçal escuro.

Estávamos acima dos três mil metros, fazia frio e contemplamos uma sucessão de cumes onde pareciam quebrar--se maravilhosos arcos-íris em uma catedral de espelhos.

Mas a famosa Laguna Brava era também um espelho quieto, adormecido na meseta andina, sem a menor ondulação. Às vezes um bater de asas de vento eriçava a contrapelo o juncal da margem e se desenhavam pétalas de uma rosa aceira sobre a água, em semicírculos que se ampliavam graciosamente até perder-se na paz da tarde. Mas em três dias que acampei ali, não vi jamais nem sequer ondear a laguna "brava".

É possível que meu informante de La Rioja me tenha pregado uma peça. É possível, também, que alguém, em um dia de vento forte, tenho visto a Laguna Brava com um movimento como de ondulação. Depois, a fantasia, a imaginação dos tropeiros, a lenda, enfim, talvez tivesse construído uma bela história dessa plácida laguna andina. De qualquer forma, não me arrependo de tê-la conhecido.

O andar pelo oeste riojano, de Huandacol até Jagüé, me presenteou com paisagens e me relacionou

---

[114] Ver glossário.

[115] No original, "leña' i toro" (ver glossário).

com pessoas amabilíssimas e crioulas. Em Huandacol escutei esta vidala que chamei "do homem feliz":

"No meu campinho riojano
matura o milho...
"Buscando felicidades
se vão muitos daqui filhos.
Eu, sem deixar estes pagos,
venturas empilho
Que lindo poder dizer:
Eu vivo feliz!

No meu campinho riojano
matura o milho..."

Juan de Dios Flores a cantava, aprendida de um parente ancião. E uma mulher madura, com a lenha escassa para seu fogão, repicava em seu tambor enquanto cantava com aguda voz:

"Que casta será a minha...
Cantora, minha mãe não é.
Quando ouço soar a caixa
o mundo é de santa-fé."

E Moisés González, o legendário trovador de Vinchina, cantava em longos versos histórias e poemas sobre acontecimentos da vida de sua região. Contava de um chileno que apareceu um dia, tratou com os campesinos, apartou gado e muares guapos, pagou religiosamente e levou a tropa ao Chile pelo mesmo caminho que eu faria quarenta anos depois.

O bom chileno repetiu a operação no ano seguinte, pagando uns pesos a mais por cada rês. E outro ano chegou, e reunindo uma tropa grande, o chileno disse que dessa vez teriam que esperar uns dois meses pelo dinheiro, "porque tinham mudado as leis na sua terra..." e agora pagavam com a entrega do gado.

Todo o vizindário aceitou. Ele era tão bom!

E ainda o estão esperando. Nunca mais voltou. Nunca mais viram o chileno, ginete de um macho zaino, animal vivíssimo, voluntário, de invejável "marcha".

"Chegou um chileno a Vinchina.
Homem de linda palavra.
Era uma festa no povo,
Cada ano em que chegava..."

González cantava essa e outras saborosas histórias de Vinchina. Lá, no estranho refúgio andino, Cruz me contava sem pressa as aventuras dos tropeiros, as viagens até San Antonio, primeira aldeia chilena do vale de Vicuña. Desfilavam seres alegres, solenes, causos sobre condores, fábulas de don Nazario Vargas, o drama de Lindoro Ríos, a paciência dos chinchileiros...

Eu escutava, como quando era menino, essas histórias, e quase todas estavam vinculadas aos homens que conheciam a lenda do Vento.

Os cantos, as histórias de paisanos, tropeiros e posteiros, confirmavam a base real dessa força que faz os trovadores caminharem por todos os caminhos, desejantes e desvelados.

A lua dos Andes, como um tambor enfeitiçado, me sugeriu um tema: um prelúdio que depois intitulei "Danza de la Luna".

A vida dos campesinos me deu os elementos para o "Regreso del Pastor" e para a "Vidala del Malquistao", que o crítico Borda Pagola, do Uruguai, anos depois, denominou "Vidala dolorosa".

Não resisto à tentação de relatar um episódio dessas três noites passadas em um refúgio na cordilheira.

Não quero cansar o leitor com detalhes de uma "rastreada" de vicunhas na meseta, que durou muitas horas; nem o prazer de encher uma alforja com a flor da "poposa", uma espécie de cogumelo cristalino que cresce sob as pedras dessas paragens e que se usa para lavar o cabelo e para curar "as vistas irritadas".

Alguma outra vez narrarei a vida das "picadas", mistura de coruja e pomba, anunciadoras do Zonda e das nevadas grandes.

A última noite passada no refúgio, ao lado da Laguna Brava, estávamos juntos a um fogo fraco, fumando, em silêncio, nesse silêncio que tanto respeitam os paisanos, sabedores de que a meditação é um rito.

Fora, um silvo crescente de vento livre. Acima, uma lua cheia que já havíamos admirado e um imenso mistério calado, de cume a cume.

De repente, Félix Cruz falou:

— Em Vinchina os amigos devem estar zambeando lindo...

— Alguma festa? — perguntei.

— Claro! E já tinham me convidado para ir. Como é 25 de Maio...

Verdade! Sem calendário nem relógio, era outro universo em que vivia, outras as sensações. Meus olhos eram pequenos para ver as coisas dessa imensidão, para conhecer pedras, seixos, cumes, bichos, vertentes, pastos, histórias, trilhas, lendas...

Nos pusemos de pé e brindamos pela Pátria, bebendo um aguado café em nossos copos de lata.

De repente, tive uma ideia, uma intuição. Meu alforje se descosturara quando em Vinchina, dias antes, levava pregos e outros objetos de metal. E recordei que de noite o remendei com uma corda de violão, uma "terceira".

Corri ao lugar dos arreios e achei a prenda de viagem. Fui desfazendo devagar a grosseira costura até recuperar a corda completa.

Depois, atei a corda, bem tensa, no cabo do meu rebenque. À guisa de ponte, acrescentei uma caixa de fósforos.

Don Cruz me olhava com uma sorridente curiosidade, sem entender a razão de meus movimentos.

É que eu estava fabricando uma viola de uma só corda. Várias vezes tive que assegurar a tensão dessa "terceira", até que, experimentando-a, alcançou uma nota que me contentou.

— Bueno, don Cruz— disse a ele. — Agora vamos dar um concerto em homenagem ao 25 de maio.

E abordando a mera melodia, já que tocava uma corda só, toquei uns compassos do Hino Nacional.

Cruz, de pé, tirou seu gorro andino e seu sorriso desapareceu. Depois, a Zamba de Vargas e uma Vidala Chayera, e até cantei em voz baixa algumas coplas.

Não sei quanto tempo estivemos tomados por uma particular emoção, em função de uma ideia que mais parecia uma "bobagem", mas que no transcurso da noite adquiriu a importância que têm as coisas quando sentimos que nos galopa no sangue um cálido e sagrado fogo.

No dia seguinte empreendemos o regresso. Lembro como festejei uma tirada de Cruz, quando, para vencer a baixada de los Chinchilleros, cravávamos espora nas mulas. Recordando algo da noite anterior, gritou:

— Não afrouxe, don! Dá-lhe com o violão também...!

E seguimos, pelas longas sendas que descem até Jagüé. Atrás ficavam os cumes, as mesetas, as vicunhas esbeltas e ariscas, as flores estranhas da poposa, os mudos passos, a neve nos rincões dos cerros. E assenhorada em sua condição de espelho de solidões, com seu marco de juncos e seixos, a aprazível e legendária Laguna Brava...

XII

VOZES NA QUEBRADA

Caminhando território jujenho sabemos que penetramos a antessala do grande silêncio americano.

Reino de argila e cobre, alto e seco, ao mesmo tempo arisco e sereno. A espada do Conquistador teve que combater duramente, diante da astúcia e valentia dos homahuacas, ocloyas, casahuindos e atacamas, povos indígenas de enorme tradição lavradora, "alpa-runa" (homens-terra), irmãos do milho e da quinoa, grei dos antigos ritos dos Andes, caminhadores de todas as léguas, alma de yaraví, perfil de condor, silêncio de água mansa, espelho da Puna.

Ao longo do território jujenho observamos os velhos pucarás[116], os mangrulhos, atalaias, as ruínas, os "antigais"[117] e cemitérios indígenas.

De tempos em tempos, os pesquisadores nos mostram novas descobertas, canais perdidos, cidades enterradas, armas, urnas, múmias, restos da cultura dos povos, nexos das civilizações de outrora.

E sempre, por sobre tudo que foi destruído, apagado, não averiguado, por sobre todas as dúvidas da língua extinta e as populações dispersas, prevalece a raça dos Andes. Sim. Ainda hoje, com todo o avanço avassalador destes tempos de ciência e mecânica e técnica deslumbrante, ainda hoje pesa sobre a paisagem jujenha um ar carregado de silêncios velhos, não triturados jamais na alquimia da Colônia. Não. Ainda hoje vemos, por trás das palavras espanholas e do perfil mestiço, o selo de toda aquela idade de barro e sol e cobre e rios e campos azuis, mais além dos tolares e os iros.[118]

Custodiando olhos maiores e sempre escuros, uma cerca de pestanas eriçadas[119], indiáticas. O arco-íris quebrando-se a cada passo, nos alforjes dos caminhantes. O ritmo do andar, sempre igual; a boca burilada pela raça, como o tempo sobre a argila; o cabelo liso, o diálogo quase secreto, harmonia entre homem, terra e sol.

---

[116] Fortificação indígena ou ruínas dessas construções.

[117] Ruína de cemitério ou povoado indígena.

[118] Ver glossário.

[119] No original, "chuzas" (ver glossário).

Assim também seu canto, sua dança, sua música. Se o charango estendeu seu riso de aço sobre os carnavais kollas, as flautas de taquara não perderam a grave dignidade de sua noturnidade melancólica. Os erkes e erkenchos[120] traduziam abolidos papéis guerreiros. O violão, incorporado ao povo com a Colônia, abria caminhos intimistas para o amor e a amizade.

Mas em Jujuy, o homem, a criatura humana, é superior aos meios de expressão musical de que se vale para expressar-se. É que o homem jujenho, o mestiço, não pode ainda traduzir senão uma voz das muitas vozes que bolem dentro de seu sangue. Por isso, furta às vezes no discurso do canto aquilo que pode levá-lo a revelar sua verdade, sua profunda verdade, e se entretém, então, tecendo com fio de copla hispânica uma trama de amor e de nostalgia que o apresente manso e afetivo, ao invés de soberbo, lutador, guerreiro e orgulhoso de sua solidão e de sua indianidade.

"Joga fora a quena, porque não soubeste
encontrar nela mais do que o dolorido
som de tuas angústias! Levanta a cabeça!
Que desde o alto da cordilheira,
és poncho ao vento, como uma bandeira
que tremula nos séculos, misteriosamente..."[121]

R. Chirre Danós

---

[120] Ver glossário.

[121] Tradução nossa.

Os mesmos "marchantitos"[122] que achamos junto às cercas das estações ferroviárias, desde Yala até La Quiaca. As mesmas chininhas[123] de cara redonda como maçãzinhas de Huacalera, são as mãos que sustêm a zamba de fevereiro, o bailecito do verão, o tambor bagualero que roda sua queixa o ano redondo, de janela em janela, de curral em curral, de solidão a solidão.

A roda do canto, com a cantora no meio, vem das lonjuras do tempo, eternizando os ritos agrários dos Andes.

Esses povoados jujenhos, de estreitas ruelas de pedra, brotam na vida quebradenha carregados de anos, com algo das velhas aldeias espanholas. Só o silêncio, o ativo silêncio, é o selo definidor desses casarios. Há povos que alcançam o prestígio pela palavra, pelo relato ou pelo herói. Em Jujuy, as vilas, as aldeias, alcançam sua notoriedade pelo silêncio, que é sua história, seu passado, sua dignidade, sempre atual, seu selo mais eloquente e cabal.

Desse silêncio saiu Domingo Zerpa, o poeta indígena de Abra Pampa, caminhando cem léguas com seus versos:

"Versos pequenos
iguais a um dedal
para os bolsinhos
do teu avental."[124]

---

[122] Comerciantes informais.

[123] No original, "imillas" (ver glossário).

[124] Tradução nossa.

Um dia caminhou os caminhos *abajeños* com seu primeiro livro: Puyapuyas. Nos gritou sua rebeldia, seu amor, seu pesar. Como todo poeta, já desde menino suportava a nostalgia. E nos povoou a paisagem com abrigos e ponchos, com zambas bailadas na Puna, com tropeadas distantes, com medos e com sonhos.

E atrás dele, Jujuy foi despertando para o velho canto indígena. E apareceram os versos de seu parente, Víctor Zerpa; e de seu irmão de poncho, Leopoldo Abán.

E começaram os charangos a produzir bailecitos; e os violões se desvelaram nos pátios internos, recordando cantares de outros tempos.

Assim, atualizaram o folclore jujenho os Castrillo, os Arroyo, os Jiménez, os Álvarez, os Lerma, os Aramayo, os Aparicio, os Yerba, os Castañeda, os Gallardo, os Osorio.

Sem fazer profissão de sua arte, os jujenhos cantaram à sua terra, a suas montanhas coloridas, a seus cerros nevados, a seus caminhos altos. E seguiam sendo professores de escola, estudantes, fazendeiros, peões ou "marchantitos".

Don Dalmacio Castrillo, por exemplo, vinha de velhas famílias de Humahuaca e conhecia plenamente o cancioneiro de sua terra. Em charango, quena ou violão, tocou danças durante quarenta anos, e ensinou a muitos cantores e folcloristas os temas de sua região.

Lermita, o professor de Juella, compunha coplas quebradenhas. Roberto Yerba, linda voz para o canto jujenho, fazia recordar um pouco aquele gigante do cancioneiro quebradenho que foi Dagoberto Osorio, o último grande trovador da Quebrada de Humahuaca.

Vários bolivianos somaram-se à difusão do canto jujenho. Felipe Rivera, Félix Caballero, o cochabambino de Tola-Pampa; Nievas, Benavente e Cabezas, o tarijenho, grande cantor de mecapaqueñas.[125]

É que a paisagem é a mesma; a cor do poncho, o ocaso longo, a voz antiga do aymará ou do quéchua, a ushuta, a vicunha, o caminho, a esperança, o silêncio. Um mesmo universo sem fronteiras amassa as palavras do Canto punenho, mais além ou mais aquém de Inca-Cueva.

O mesmo candor das chininhas, a mesma funda[126] de couro para a gurizada pequena; o mesmo lote de cortadores para a safra de todos os anos. Flauta de taquara para a nostalgia; tambor para a copla; caminho largo para o mesmo adeus.

O caminho!

Nada pode impulsionar o nascimento da copla, o discurso chamador das quenas, o melancólico bulício do charango, como o caminho.

E ninguém é capaz de andar tanta distância como o nativo jujenho.

O kolla, punenho ou montanhês, do vale ou da quebrada, é o grande infante da América. Uma vez que

---

[125] Ver glossário.

[126] No original, "huato" (ver glossário).

entabulou sua marcha, nada o distrai, nada é capaz de alterá-lo. Já é abundante o relato nesse sentido. Já é arqui-conhecida aquela resposta do nativo:

— Vou indo, senhor...

Inútil formular-lhe alguma pergunta, pedir-lhe que se detenha, insinuar-lhe algum interesse. A resposta será a mesma, lacônica, obstinada:

— Vou indo, senhor...

E é verdade, vai indo... Rumo às salinas ou ao poente, onde se estiram sedentas as trilhas que levam a Santa Catalina, a Rinconada, vai indo... À Manca Fiesta, que reúne em novembro uma multidão de seres amassados com barro, cobre, sol e olvido, vai indo... Rumo a Iruya ou Santa Victoria, aldeias semi-enterradas na desolação, às quais se chega a partir de caminhos do alto, entrando por calçadas à altura dos tetos, vai indo... Rumo à cidade, por estradas de baixo, Maimará, Purmamarca, Tumbaya, Volcán, León, Lozano, vai indo...

No inverno, com sua ponta de lhamas. No verão, com seus burrinhos cargueiros, portando lãs, ou minerais, ou enxofre, ou blocos de sal, ou ânforas, virques[127] cântaros, vai indo, o kolla; vai indo, senhor.

A lenda do Vento, se alguma vez teve raiz de história cabal, nasceu nesse caminho do altipampa, ali, nessa senda parda, entre o iro crepitante e a lua indígena.

---

[127] Ver glossário.

Porque os povos jujenhos entesouram grande quantidade de cantares; alguns de indubitável raiz espanhola, outros chegados do Ande késwa[128] pelas noites do yaraví, pela magia dos huaynos e os serranitos[129], outros trabalhados na alma crioula, elaborados na forja dos carnavais, na força dos misachicos[130], na abnegação das procissões de cerro a cerro, na caravana que desce aos canaviais, que entra nos bosques, que sobe aos rios nascentes, que penetra nas cavidades do estanho.

Os cantares da terra jujenha não se podem expressar sem conhecer-se a região onde se originaram. Para cada assunto o charango requer uma expressão, um arpejo diferente, um tempo pausado ou vivo, uma intenção rítmica. Não se satisfaz a interpretação imaginando o lugar, intuindo a graça ou a pena do homem jujenho. Pode-se chegar, sim, a um tosco arremedo, a uma forma imitativa do canto. Mas não se poderá jamais apreender o mistério da terra e seu canto se não se penetrou na alma desse povo de poucas palavras e muitos caminhos, de homens ásperos e singelos como meninos broncos limitados por esquemas de medos não superados.

A rústica flauta de taquara chamada quena geme nas noites ao longo da histórica Quebrada de Humahuaca. Ainda nestes dias mantém o espírito da raça, a dignidade de seus tons antigos, o reclamo do amor, o lamento

---

[128] Outra possibilidade de grafia para quéchua.

[129] Dança andina originária do Peru.

[130] Ver glossário.

do longo caminho, a adoração dos deuses dos Andes, o mistério das *huacas*.

São os filhos da raça de bronze. São os mestiços, os crioulos, os moços quebradenhos e punenhos, atualizando a perdurabilidade do rito longe de tudo que empana a tradição da quena, longe do tema vulgar, do cântico banal e falsamente gracioso que usam muitos profissionais do Canto popular. Não se deveria ofender o espírito do norte luminoso e tradicional tocando "pájaros campana"[131] e "escondidos"[132] em quena, e toda sorte de temas de sucesso. Ignoro se essas coisas se fazem por falta de informação ou por ambição não controlada. De qualquer maneira, não tem nada que ver com a mensagem da terra jujenha, nem com a lenda do Vento, nem com o silêncio traduzido no ai das flautas, lá, na noite alta de Jujuy, que em meio ao progresso segue tendo a mesma luz antiga, o mesmo gesto de cobre, barro e sol, o mesmo mistério que escreve lendas em cada caminho da montanha maravilhosa.

---

[131] "Pájaro Campana" é um tema paraguaio que permite exibição de virtuosismo ao imitar na melodia o canto da araponga.

[132] Ritmo e dança do norte argentino e região fronteiriça boliviana, derivado do gato.

XIII

DAGOBERTO OSORIO, O ÚLTIMO TROVADOR DA QUEBRADA

A Quebrada de Humahuaca é talvez a presença geográfica mais exemplar de nossa terra. Exemplar porque parece ensinar ao homem o caminho para definir sua arquitetura espiritual como argentino e como crioulo.

Tem passado. Passado indígena, acobreado, o sonoro silêncio do cântaro, tão antigo e tão cheio de frescores. Tem uma história de fatos que cumpriram anelos de pátria. Tem a outra história: a de todos os dias, a dos caminhos que levam ao salitral, ou às vicunhas, ou às minas, ou ao alto vale, ou à Puna aberta e estaqueada como a esperança do índio.

Desses pagos era Dagoberto Osorio, o último trovador da Quebrada. Parece que o estou vendo cruzando as ruas daquela Maimará de há vinte anos, montado em seu escuro, de sobrepasso, com os alforjes coloreando, suas breves esporas de prata ritmando a marcha nessas manhãs claras do maio quebradenho.

Passava Dagoberto Osorio, quarenta anos, delgado e forte, com um perfil aquilino e um olhar ao mesmo tempo firme e cordial. Violonista e cantor, dotado de uma bela voz, Osorio percorreu as aldeias e vilas da Quebrada, desde Yala, Volcán, Tumbaya, Purmamarca, Maimará, Huichairas, Tilcara, Juella, Huacalera.

As propriedades antigas, as estâncias de Cerro Moreno, de Ocloyas e Huaira-Huasi; as lonjuras de Coxtaca e Abra de Cóndores; em todos os ranchos kollas; em todas as janelas dos povoados aninhou sua voz de cantor crioulo, deixando coplas e sonhos, sentenças e amores, palavras para o retorno e para o adeus.

Osorio tinha uma modalidade particular: nunca foi homem de grupo nem cantor por "mutirão"[133] ou por encomenda. Era, como se diz por lá, meio "empacado". Dagoberto Osorio passava por Tilcara, Maimará ou Tumbaya, a cavalo, coberto com um grande poncho ou uma capa azul debaixo da qual portava seu violão. "De a cavalo" chegava à janela de gente amiga, sob a madrugada que acendia no céu os melhores candeeiros para o rito e, "de a cavalo" no mais, batia chamando a atenção e soltava seu canto emocionado, sua zamba, sua baguala, sua trova elegante. E sem esperar a palavra de gratidão, dava de rédeas e tocava esporas, partindo a sobrepasso.

---

[133] No original, "mingao" (ver glossário).

Quando as pessoas saíam para falar-lhe, Osorio estava longe, além dos álamos e das aroeiras; estava já querendo acercar-se às areias vermelhas do Rio Grande, como quem ganha os campos para lavar uma pena ou esconder uma emoção no mistério dos caminhos de pedra.

Os quebradenhos com idade, e com paisagem, ainda o recordam.

Uma paisana, "a do deveras", como ele dizia, mantém a lembrança firme como o airampo[134] fiel à montanha.

E nós, cada vez que cruzamos essa lenda multicolorida que dita tantas coisas e que se chama Quebrada de Humahuaca, cremos ver, andando a par dos canais com seu violão e sua copla e sua saudação cálida, Dagoberto Osorio, o último trovador da Quebrada...

---

[134] Cacto, tipo de tuna.

XIV

O PAGO ENFEITIÇADO

Há em minha terra um pago enfeitiçado. Está encravado no corpo de meu país, com a amplitude, a calidez e o mistério de um coração.

Lerdos passam os sóis, como se quisessem pôr a prova o estoicismo dos homens e o valor do mato.

Lentas deslizam as luas sobre os quebrachais[135], pintando as cenas que só nesses matos se hão de ver.

Quando a primavera começa a amornar o ar, os poejos ofertam seu aroma, ampliando as tardes junto aos caminhos.

Pelas manhãs, as primeiras horas se povoam de balidos. São as manadas de cabras, às quais se deu porta aberta, que saem com travesso arbítrio aos matos vizi-

---

[135] Conjunto de quebrachos, árvores de madeira dura que tem o mesmo nome na zona pampiana do Rio Grande do Sul.

nhos, junto aos cerros de tala, piquillín e garabato. Nos currais ficam os cabritinhos novos, de vozes quase humanas e infantis, chamando inutilmente.

Gurizotes transitam rumo ao povo, rumo à escola. Vão a pé ou montados sobre um burrico.

Têm a pele bronzeada e o cabelo liso. As vozes arremedam sussurros nas ramas, graças de trinado e asa, inflexões vindas de longe no tempo, amassadas durante o sono depois dessas histórias narradas pelos avós.

As sestas abarcam quase a totalidade do dia. Calor, ressolana, ar imóvel.

Só nos matos estalam os ecos do machado que abate os quebrachais.

Só nos matos se harmoniza, pouco a pouco, o coro das cigarras cujo canto "ajuda a amadurecer a algarroba"[136].

Essa região tem um rio indígena e um rio castelhano.

Como as velhas lendas da raça, que dormem sob a pele do povo ou latejam na pulsação dos narradores típicos, o rio índio sente sob a areia a água submersa que corre, ou dorme, ou morre quando a lonca da terra consegue traduzir a voz dos desertos. Esse é o rio Salado.

O outro rio, ao contrário, se amplia e se faz pampa de esteiros, sulco e canhadas. O alargamento do rio Dulce abarca quinze léguas quadradas sem cercas nem alambrados. Ali os pastiçais impressionam por sua altura, e nos canais, entre jujos e valos, segue sendo o rio "El

---

[136] Ver Glossário.

Dulce" e oferece a ocasião de sua grande quantidade de peixes, de flamingos caneludos, de garças pensativas.

Os pássaros pequenos põem seu canto nas manhãs antes que o sol comece a esquentar os pajonais e os fundos rastros barrentos onde espreita a jararaca e a cascavel. As eguadas galopam à ordem do garanhão, livremente, e na meia tarde dos esteiros os veados, os graxains e os pumas costumam cruzar os caminhos.

O pago enfeitiçado, lá pelo oeste, pela estrada dos sóis em derrota, vai ficando sem pássaros, sem bosque. O bosque se detém, se retorce, se enche de espinhos. A sombra da árvore se torna coisa desejada. A penca, a tuna, o quiscaloro[137], o ucle[138], toda a gama da cactácea desértica inicia seu reinado, até que a terra cobra uma aparência de pano aberto para diamantes triturados. O salitral!

Diz a lenda que as salinas se formaram com o pranto das vidalas, com o ai de todas as ausências, com as penas produzidas por todas as ingratidões.

O pago enfeitiçado alça muito alto seus bosques lá pelo nordeste, onde a terra inicia seu corcovo até chamar-se morro, barranco, borda alta, ladeira e cerro.

Ali é bravo o mato, bravo o homem, xucro o gado, áspero o caminho, arisca a canção. A canção! O que perde de ternura ganha em verdade corajosa.

---

[137] Ver glossário.

[138] Idem.

Ali, onde o mistério se torna agressivo, a vidala perde sua liturgia e o bordão se transforma em açoite. A região toma o nome de Copos, e os cânticos agrestes são conhecidos com o nome de "copenhas".

Ali aninham a jaguatirica, a onça, os macacos pequenos, o tamanduá, o porco-do-mato. Ali o gaúcho conhece retovo em seu chapéu, luva para sua mão, colete e perneira, *guardamonte* e carabina. Quatro rumos e quatro paisagens totalmente distintas. Quatro rumos que assim, unidos no coração de nosso país, formam uma região enfeitiçada; uma província antiga e bem-amada: Santiago del Estero.

"Eu sou da terra
que é dos calores
onde florescem
formosas flores.
Sou santiaguenho,
beija-me, sol."

Reza o homem sua vidala. Os bosques são seu templo. Os bosques, o areal, a sombra do algarrobo ou o deserto. Aí está o homem santiaguenho durante quatro séculos batendo na lonca de seu tambor, quatro séculos esperando a hora azul da tarde para pendurar o fantasma de sua solidão no alto de uma copla:

Quando a tarde se cala
me ponho a olhar o sol.

Se ela me quer
pobre não sou."

"E a recordar uma prenda
porque a querê-la estou.
Se ela me quer
pobre não sou."

Soa o tambor e seus ecos rodam pelos caminhos do mato sem que as aves se inquietem.

"A caixa é a lua cheia da vidala..." diz o poeta.

"Terrinha salavinera[139]
onde nasci.
Se hei de perder o meu pago
que eu morra aqui..."

O tum-tum da caixa não é a ressonância de um mero golpe dado com o único objetivo de fixar um ritmo. Talvez seja para o forasteiro, para o que ouve de fora, para o que não tem mel silvestre e um fundo grito desesperado diluídos no sangue.

O som da caixa contém o arfar sublimado da terra.

Respira o mato, fatigado e antigo, e seu queixume fica guardado nas loncas do tambor. Rodam as luas sobre os desertos. Passam sobre os bosques calados, como

[139] Relativo a Salavina, município da província de Santiago del Estero.

estranhos tambores em busca de um coração necessitado de coplas.

As salamancas do mato acendem as forjas de sua feitiçaria e o homem acha o caminho de seu consolo, a porta de sua alegria, o rincão onde uma solidão se converte em esperança.

É precisamente aí, no topo desse minuto sagrado, que no coração do santiaguenho começa a nascer o mistério da vidala.

Nasce o salmo ungido pelos fervores mais puros da alma humana. O homem está rodeado de todas as lonjuras necessárias para o advento do Canto. Ao levantar a "caixa" até sua têmpora, ao quase reclinar sua cabeça para escutar o primeiro som que há de orientar o tom cabal de sua melodia; ao sentir que se atam em sua alma todos os caminhos, ao ter consciência de que o mato está junto a ele, como um altar apertado de ninhos, de velhas mensagens, de avós na sombra, ao ver que surge a luz da primeira palavra da vidala, o homem sabe que já está a ponto de cumprir com todos os deuses que dirigem o ar, a areia, a árvore, a luz e o sangue de sua terra.

Então sim, já pode cantar abertamente sua copla. Pode recitar seu salmo. Pode rezar sua vidala.

"Todos os que cantam bem
cantam da porta pra dentro.
Meu doce cantar.

Eu, como canto tão mal
canto ao sereno e ao vento.
Meu doce cantar.

Antes do gosto,
a aflição
sempre vem perturbar
meu coração."

Salavina, Suncho Corral, Campo Gallo ou Atamiski, Troncal, Añatuya, Real Sayana ou La Banda, Sumampa, La Cañada ou Monte Redondo... Pelos quatro rumos do pago rodam os ecos do tambor vidalero.

Nada pode debilitar sua sagrada queixa, porque ela não é apenas um homem e seu tambor, mas o homem e seu universo, a criatura humana apertada de medo, de anelos e fervores, de amor e de humildade, ajudando-se com a luz de seu Canto para contemplar o mistério do mundo. Seu próprio mistério.

"Ai, Vidalita,
mel de pesares.
Tu és a alma
destes lugares!"

O violão – poço de solidões – se abraçou ao homem na magia da vidala.

E muitos velhos quichuistas, alguns cegos, ofereciam na sobretarde do salitral ou do bosque o tímido choro de seus violinos, tocando uma vidala. Uma dessas vidalas sem palavras, sem mais palavras que as que murmura a alma ajoelhada de quem reza seu canto "soncko ukumpi"[140], "coração adentro".

Vidalas para o amor e a amizade, para o carnaval e o regozijo, abundam no cantar popular santiaguenho.

Mas são como os pássaros vistosos. Asa, cor, graça e despedida. Não ficam, não perduram muito tempo na árvore. Se vão. Sempre se vão. É que falta a necessária densidade. O peso das dores. A carga do mistério. O solene temor do homem-menino. Esse imponderável que, como o espinho da penca, voa brevemente e se crava na areia e desde esse momento já é outra penca. Já é planta. E aí fica.

Até sua morte – quando não – tem suas vidalas. E são distintas, conforme a hora. Entre louvações e liturgias transcorrem as etapas de um velório no mato, ou lá por Salavina.

Mas quando a noite está cumprida, quando, na direção do nascente, o céu já não tem estrelas e começam a desmaiar os azuis da madrugada, as anciãs rezadoras organizam o ritual da vidala.

---

[140] No original, "sonkopuyump". A grafia das línguas indígenas, que não se utilizavam do meio escrito, pode ser objeto de divergência. Nessa expressão, que significa "coração adentro" em quéchua, optamos por essa forma, a partir de pesquisas em registros de falantes contemporâneos.

Uma voz solista levará a responsabilidade do Canto. E antes que conclua o primeiro verso, a ela se somará o pequeno coro, em um "pianíssimo" harmônico e perfeito que ninguém estudou, mas que todos conhecem, entendem e adaptam:

(Solista) "Já vem a luz que alumia"
(Coro) O vamos levar...
(Coro) O vamos levar...
(Solista) Pra que sua sombra querida
(Coro) Possa descansar...
O vamos levar...

Quem ouve essa vidala no agreste cenário dos bosques ou em um pequeno rancho entre jumiales, perto das salinas, não esquecerá jamais seu tremendo impacto na sensibilidade.

Amanhece, sim. Mas uma sombra querida "já não hai de ver a luz".

E conforme a região, em espanhol ou em quéchua, a vidala pendura seu mistério na última esquina da noite vencida.

Aqui, a luz, a manhã com seus primeiros estremecimentos, com pássaros temporões, com os primeiros ruídos do trabalho, que a essa hora sempre são musicais. E além, em um rincão de pobreza e vigília, um punhado de velhas santiaguenhas de *cimbas*[141] acinzentadas, vimes envelhecidos, rodeando o defunto, rezando a vidala da despedida.

---

[141] Ver glossário.

Talvez antes de cumprir-se o dia, quando a tarde trouxer seu minuto azul e o deixar como uma flor sobre a nostalgia do homem, os algarrobais recolham outras vidalas, outras coplas, outros salmos desses que imortalizam a alma dos povos:

"Me cinge invisível laço.
Não posso cantar.
Por isso me vou, assoviando,
pelo areal..."

XV
CAMINHOS E LENDAS

Ignoro se algum dia voltarão as lendas a correr através da alma de nosso povo, mas penso que seria saudável que assim ocorresse. A lenda não é mais do que a idealização do sonho dos povos, o fruto de sua fantasia necessariamente exaltada, sua forma de fugir em direção a uma irrealidade que compense as dores da existência.

Na lenda não tem cabimento a mentira nem o mero exagero. Nela jogam a fantasia, o sonho, a necessidade do espírito de criar um mundo melhor e assim manejá-lo, dominá-lo, transformá-lo. Por isso a lenda tem poesia e voa sem deixar a terra, a pequena pátria, o pago nativo. Por isso voa rente à terra, lambe os esteios dos ranchos, gira sobre o cansaço dos guris na noite, desvela os lenhadores no mato e os tropeiros junto ao fogo. Cada país tem suas lendas, dos mais diversos tipos. E todas elas revelam um caráter, uma modalidade, uma forma de ser e pensar, uma fisionomia, uma pulsação da vida, uma particular maneira de entendê-la, ou de enfrentá-la.

Nossa terra tem lendas magníficas, algumas já universais. Cada província, cada região, cada aldeia argentina guarda sua sagrada tradição na lenda local. As gerações anteriores, com outro ritmo de vida, com outro sentido da existência, com outra ordem do tempo e da urgência, entesouravam lendas, as reformavam ligeiramente. E a lenda corria pelo lugar, agitando todos os fantasmas do sono e do sonho, conforme seu destino. No pampa, ao rés dos trevais, como um chasque[142] índio. No litoral[143], sobre a névoa que cobria os juncos da margem dos longos rios mudos, deixando escrito seu nome e seu mistério no barro vermelho. Nos bosques, junto aos machados dormidos na sobretarde, trançando sua fantasia como adorno da quincha, onde os homens escondem sua fadiga para não entristecer as estrelas. Na montanha, com linguagem de pedra e de caminho antigo. Na Puna, enredada de tolares, aprendendo a expressar-se na linguagem perfeita da solidão: com o silêncio.

A inegável faculdade poética de nossos paisanos povoou os fogos-de-chão, ao longo do tempo, com as mais belas lendas.

---

[142] Mensageiro. Yupanqui o coloca em atitude furtiva, imaginando que a missão esteja sendo cumprida em meio a uma conflagração. Quichuismo comum ao Rio Grande do Sul.

[143] O termo "litoral" é comumente usado na Argentina para as zonas junto aos rios, não ao mar.

Assuntos infelizes, nos quais a tragédia jogava seu forte papel; histórias do amor, da ausência, da graça, da aventura. E em todos os temas, a fatalidade, envolvendo com seu manto infalível o espírito dos homens, a vida das árvores e dos animais, a alma das pedras e do ar.

O ISCALLANTI

Na pré-cordilheira de San Juan há um cerro formoso, cheio de majestade: o Iscallanti.

Em uma parte, a rocha se parte em duas, e há uns anos esse acidente foi aproveitado para facilitar um caminho, uma carreteira. Mas para os velhos povoadores, o Iscallanti é o monumento do amor desditoso.

Dizem que um casal de namorados fugiu da aldeia buscando a estrada para o Chile. Fugiam sem ter cumprido uma palavra empenhada aos avós. Estes, por sua vez, foram à Salamanca[144], adquiriram poderes fabulosos e amaldiçoaram os fugitivos. Numa parte do caminho os namorados se converteram em pedra, um na frente do outro, como um cerro partido. Olhando-se, sim, mas condenados a nunca se juntarem.

---

[144] Cova ou furna mágica, local de conjuros. Inspirado na cidade de Salamanca, na Espanha. No Brasil, uma das referências literárias é “A Salamanca do Jarau”, de Simões Lopes Neto. Os músicos, os amantes, os guerreiros, os jogadores obtém poderes nesses locais ocultos, por meio de pactos (ver glossário).

E os tropeiros e caminhantes batizaram essas rochas: Iscallanti. "Iscay", do quéchua: dois. "Llanti", do huarpe[145]: malditos. "Os dois malditos".

E aí está o cerro Iscallanti, belo, solitário, mostrando as duas rochas, com um caminho no meio. A lenda tira e agrega detalhes. As velhas sanjuaninas baixam a voz quando a contam às crianças.

O PAISANO ERRANTE

Um moço muito ginete, cantor e guitarreiro, andava em maus passos na vida. Incomodava os pais, causava problemas entre seus amigos.

Um dia, infortunado dia, lascou um rebencaço em sua mãe. Ela então o amaldiçoou da seguinte maneira: "Nunca terás paz. Quando quiseres te alegrar, algo acontecerá e só a amargura será tua companheira. Quando te dispuseres a guitarrear, tua memória te falhará. E quando quiseres cantar, não poderás. A única milonga que escutarás não sairá de teu violão, mas do galope do teu cavalo na noite, sem rumo, sem amigos, sem paz e sem coração. Só um galope eterno e desesperado..."

Essa lenda do paisano errante eu escutei quando pequeno, e mais de uma vez, no campo – quando, por ler histórias apropriadas à minha idade, mantinha minha lâmpada acesa mais tempo do que o devido – escutei a voz de meus familiares, ou a do Índio Luciano, na estân-

[145] Etnia que preponderava no oeste argentino, na região de Cuyo.

cia Maipú, gritando para mim: "Ouve, ouve bem esse galope no caminho".

E já aguçava o ouvido e escutava – ou acreditava escutar – o eco de um galope na noite.

"Aí vai o Paisano Errante!", me diziam.

E rapidamente, de um sopro, eu apagava a lâmpada e submergia em um mar de cobertas multicores.

A LOUCA JULIANA

Era em um vale de Catamarca. Juliana, peona de uma propriedade, enlouqueceu por um desengano amoroso.

Se achegava aos povoados, pedindo comida, e a boa gente lhe obsequiava roupas, algum abrigo. Para agradecer, Juliana cantava:

"Com uma pedra do rio
torci meu destino.
Ai, meu Negrinho
o tenho perdido!
O tenho perdido!"

Referia-se a seu homem, ao seu "Negrinho", ao causador de seu infortúnio. A lenda da Juliana diz que, uma noite, Juliana sentiu que ia ser mãe.

Estava sozinha, em uma caverna do cerro onde se refugiava. Havia lua.

Uma enorme e desolada lua perambulava sobre os cerros dormidos.

Então Juliana falou à lua: "Ajuda-me, Mama Killa![146] Quero morrer, mas antes quero parir um filho que nunca morra...!"

E a lua a ajudou. Mas a Juliana não teve um piá nem uma guria[147]. Não. Nasceu dela um Canto. Pariu uma vidala.

Por isso a vidala do cerro catamarquenho é um canto que jamais morrerá. Não perco a esperança de acercar-me uma tarde qualquer a uma "Penha", a uma "Guitarreada" não filmada nem televisionada; enfim, a uma reunião de jovens argentinos em uma casa particular, em um ateneu, em um rincão de crioulismo, e ouvir da boca deles a versão de nossas lendas provincianas; a narração desse infinito e poético rumor que vai de coração a coração, mantendo a sobrevivência desse aspecto de folclore arqueológico na geração atual.

Aplaudo os violões e as coplas, ainda que não façam folclore e repitam, imitativamente, o cancioneiro moderno, sem mensagem antiga e algumas vezes sem paisagem. Está bem o gesto e a intenção de cantar. Ainda que não seja obtido o propósito cultural se não se entra no mundo sugestivo e maravilhoso da lenda, da narração das histórias nascidas em nossos campos, e que determi-

[146] A lua, em quéchua.

[147] No original, "chango" e "huahua". Embora huahua, do quéchua, se refira ao bebê pequeno de qualquer dos sexos, é usado para designar as meninas nos primeiros anos de vida, em contraposição a chango, o menino.

nam uma maneira de ser argentino, de sentir a terra, seu passado, seu caráter, sua alma e seu mistério.

XVI
OS PAGOS CHARRUAS

Há muitos anos já, talvez trinta, escutei um violão pintor de paisagens e sentires. E como todo violão tradutor da verdade, tinha já a transcendência que o convertia em violão inesquecível.

Esse violão guardava em seu nobre oco muitos fios que o vento havia semeado em seu passar: a sombra de uma lenda, a metade de uma copla, a história truncada de um amor nos corticeirais, algo que narrava temas de heroísmo, luta e morte, derrota e sacrifício nas coxilhas, onde as divisas brancas e coloradas fixavam os crivos de seus fervores.

Esse violão vibrava junto ao coração de um homem uruguaio: Telémaco Morales[148]. Chegou à minha

[148] Schubert Flores Vassela (1953), pesquisador uruguaio, publicou recentemente um livro sobre esse personagem: *Telémaco*

terra, a meu amado país argentino, em um tempo de sombras para seu pago. Dizia que a liberdade era só uma palavra declamada em boca de capatazes.

E cruzou esse ancho rio "cor de leão", no dizer de Lugones. E chegou com bom "fumo", folhas de papel de arroz, um isqueiro "cola de gato" e um violão de brilho escuro, viola noturnal e desvelada.

O homem era oriental de terra adentro.

Devoto da música e agradecido de sua mensagem, pleno de essências antigas com tratamento novo, acerquei-me de Telémaco Morales.

Eu era um gurizote, então. Um caminhador intrépido, mas sem maturidade. Vagava por aí, pelos campos e aldeias, juntando nas esquinas da tarde o necessário silêncio para entender os mistérios que rodeavam a vida, o tempo, a música, o homem, o caminho... Por isso me chamou – distante e profundo – o violão de Morales.

Muitos anos depois conheci seus pagos, sua região, seu terrunho. Mas a música de don Telémaco já me havia mostrado as várzeas de seu bem-amado Treinta y Tres. Estilos e prelúdios pintavam as lindezas desses verdes prados, o pedregal sobre as coxilhas, as nascentes do Olimar, as lagunas pensativas, o pajonal onde aninham as cruzeiras, a palmeira arisca, o rancho claro junto ao olho d'água, o sarandizal perto do velho caminho de carretas:

Morales, el ritmo de la Patria que sedujo a Yupanqui (Buenos Aires: Editorial Dunken, 2021). A motivação para o trabalho foi esta menção a Morales em *El Canto del Viento.*

pericones[149] e cifras em cujo discurso desfilavam os peões dos arrozais, os esquiladores de Peyrano e Nico Pérez, os ginetes que se chegavam do Cerro Chato, onde o candeeiro vermelho do corticeiral alumia a nascença do Yi. O violão de Morales historiava as lutas orientais, desde a alvorada de Palleja até a dança dramática de Perico "el Bailarín"[150]. A técnica auxiliava a imaginação e o sentimento, porque Telémaco Morales era um estudioso e sabia aplicar seus conhecimentos de maneira que a ciência violonística fosse amparo e não prodígio, consciência e não espetáculo. E acima de tudo, antes de tudo, era paisano. Ou seja, era sua paisagem se manifestando. Era sua terra rezando seu grito do modo mais artístico que um homem pode expressá-la.

Morales era forte, com um rosto de camponês intelectual. Geralmente sério, de grande prudência. Armava seu cigarro com gesto de rito. E não tinha pressa para acendê-lo. Falava, olhando além, como buscando o ninhal de suas saudades em um rincão da noite.

Precisamente na noite, em uma noite de ares outonais, o conheci.

Um pátio, no bairro de Flores, na casa de um portenho que cantou com grande respeito e fervor as coisas do pampa: Don Juan Más.

---

[149] Antiga dança platina.

[150] Pedro José Vieira, gaúcho de Viamão, famoso no Uruguai no início do século XIX e tido como figura importante no início do processo de independência do país.

Esse cavalheiro recebeu Morales em uma reunião presidida por uma senhora mais velha, a avó. Não havia crianças que luzissem suas precocidades, nem pais que o permitissem.

Juan Más cantou sua famosa canção de então: "*La serenata del unitario*". Seu violão ostentava fitas argentinas. Por ali, fumando em silêncio, estavam Juan González Márquez, oriental amigo dos versos e de tudo que é belo; Domingo V. Lombardi; Germán García Hamilton, Romildo Risso.

Chegou minha vez. Eu vinha com um caudal de solidões não de todo acomodadas. Fiel à lenda do Vento, recolhi yaravís dos Andes, tristes[151] de Arequipa, huaynos de Puno, bailecitos de Tarija. Algo disso toquei. E para ajudar o clima do artista oriental, acerquei uma milonga ponteada à maneira dos entrerrianos. E logo todos quedamos serenos e expectantes, como os álamos na aurora. Um silêncio cordial nos envolvia.

Telémaco Morales afinou seu instrumento, em pianíssimos harmônicos. E seu violão desgranou um estilo. Um antigo estilo, que parecia tocado em primeira audição. Bem harmonizado, com o *leitmotiv* cantado nos bordões com naturalidade, com lógica.

Era como a singela corrente de um arroio, atravessando juncos onde as garças penduram sua tímida presença.

---

[151] Antiga forma folclórica de canto e violão, melancólica, semelhante ao estilo.

É que nos estava pintando o Olimar, o rio legendário de seu pago nativo, o rio ao qual depois cantaram José Gorosito e Valentín Macedo em incendiadas coplas de seu tempo, lá por Treinta y Tres.

O violão nostálgico de Morales nos foi dando paisagens, contando da melhor maneira a história de sua terra. Ali aprendemos a milonga abrasileirada do leste uruguaio, pleno de palmeiras e pajonais, com estreitos caminhos como feitos para a fuga ou o ataque indígena, das costas do Chuí.

Os pericones em Sol Maior e em Lá menor nos falavam das reuniões nas velhas estâncias, naqueles tempos de Saravias e Riveras e Muñices, quando os ginetes de 1904 galopavam as coxilhas de Melo a Soriano, de Tacuarembó às Pontas do Santa Lucía, dando coragem e sangue para o nascer da copla:

"Assim se escreve a história
de nossa terra, paisanos.
Nos livros, com borrões.
E com cruzes pelos campos."

Aprendemos geografia nos discursos violonísticos de Morales. E soubemos sua solidão, sua intervenção nos entreveros, as forças de seu sentido moral. Sentíamos que nos queimava o sol das sestas nos caminhos da derrota. Ouvíamos o galope dos potros, dos redomões nos passos de pedra. Entendíamos a razão de colocar trapos e lenços rasgados nas esporas para não assustar o silêncio das coxilhas. Até refrões e ditados com áspera graça paisana:

"Não tremas, Negrito, que a morte é um instantinho e nada mais..."

Às vezes, caminhando as estradas *orientales* – "orientalas" seria melhor –, costumo escutar jovens cantores, de formosa voz e simpática aparência, que andam por aí, executando suas asas de artistas, entoando cantares do Brasil, da Argentina, do México, do Chile.

Não está mal, mas está mal.

É que não se fizeram amigos do Vento. É que não aprenderam a grande lição dos desvelados. É que não souberam atender aos conselhos dos que caminharam como apóstolos da Lenda infinita.

E são uruguaios. E amam sua terra. Mas a urgência de viver lhes vai encurtando a vida. E hão de passar pela terra sem tê-la traduzido.

Enquanto isso, e felizmente, estão os outros, os que herdaram a mensagem perdida nos caminhos e a devolveram ao Vento tal como a acharam, ou a limparam da areia do tempo e a entregaram limpa e renovada, livre de estrangeirismos.

Ficam e perdurarão os tradutores da paisagem, do homem e seu tempo. Ficam, como as pedras mouras emergindo da terra, como raízes de inhanduvá, como dentada resistência telúrica capaz de romper a grade dos arados, como lança tenaz de guerrilheiros de qualquer divisa, como esporas sem travas.

Fica esse imponderável João Povo, o Anônimo, pajador de velhas estâncias, o troveiro sem sorte dos Pueblos de Ratas[152], o narrador de contos que adoçavam os janeiros em Aiguá, o cantor dos largos caminhos entre Rocha e Lescano, o florido cantor de Valle Edén, o vate andarilho roubador de méis nos matos do Yi.

Ficam os Morosoli e os Ipuche, os De Viana e os Macedo. Ficam os Silva e os Spínola, os Herrera e os Zorrilla, os García, os Risso. Fica a velha sombra generosa do Viejo Pancho, com sua angústia não superada, mas com um aporte de gauchismo cabal.

Eles sim, conheciam e sentiam a Lenda do Vento, e puseram em suas trovas e poemas, seus causos e décimas, a cor que lhes ofereciam as montanhas de seu país, a tarde de seus matos, a névoa de seus baixios, o mistério de suas luas rodando pelas coxilhas.

Com mestres de tal qualidade, com apóstolos do Vento de tal fervor, com tratadistas populares de tanta verdade tradicional, a terra uruguaia deveria estar plena de cantores de suas glórias, de sua história, de sua paisagem, de suas tristezas, de sua esperança.

A estação de rádio, o set de televisão, o palco citadino, são o resultado do tempo em seu progresso, a facilitação moderna para o espetáculo de tipo artístico. Os microfones ampliam o volume da voz. Não a aprofundam. A fundura está no homem, no que o homem é capaz de conter após tanto caminho.

---

[152] Denominação preconceituosa e depreciativa do que se poderiam chamar núcleos de favelização rural.

XVII

O VIOLÃO

"Música que embalaste minha alma dolorida. Encolhido contra teu coração, ouço a pulsação da vida eterna..."[153]

Romain Rolland

O violão é como um estranho ninho que solta seus pássaros crepusculares quando o ar se povoa de silêncios e nostalgias. Andrés Segovia, prócer do instrumento, disse uma vez que "a voz do violão é escassa, mas chega longe. Longe... em direção ao fundo".

Em nossa terra, os gaúchos e paisanos, em três séculos, limaram com a música do violão suas ásperas arestas.

Homens toscos, afeitos à vida rude do campo, homens de a cavalo, com um mar de grama e pastiçais embaixo e um par de constelações lá em cima, viviam na solidão sem ter consciência dela. A solidão era um muro invisível que circundava a existência dos homens.

---

[153] Tradução nossa, do espanhol.

Era um mundo dentro do qual o paisano caminhava, galopava, amansava potros, tropeava, amassava barro, como o joão-de-barro, para construir seu lar, tirava tentos, recortava caronas e vivia sem sentir a pobreza como contrapeso, ostentando às vezes alguma prataria, "ao menos pra que a lua pisque os olhos para o umbu...", por meio de uma rastra ou um rebenque ou de uns estribos ou da meia lua do freio.

Mas chegou o violão, milagreiro e andarilho, aos galpões das estâncias e às pulperias. E o violão revelou ao paisano o panorama exato de sua solidão. Foi o espelho de sua alma e sua paisagem. E o paisano se acercou à viola com todos os reclamos de seu pudor, com inocente curiosidade de homem sem medo. E o mistério do violão lhe doou um medo novo, desconhecido. Por isso chegou ao instrumento usando a máxima delicadeza.

Suas mãos, feitas ao rigor do trabalho, converteram-se em pequenos arados de prata e seda para traçar sobre o violão o sulco de uma vidalita – semente do tempo – e então foi compreendendo que a solidão era uma infinita voz destinada a traduzir o melhor de seu espírito, seus trabalhos, seus amores, suas lembranças, sua esperança, seu destino.

E já não pôde viver sem o violão. Passou a ter por ele "a mesma afeição" que por seu cavalo, o que já é dizer muito.

E no correr do tempo, o pampa se povoou de cânticos diversos. Nasceram as trovas, os estilos, as cifras, as milongas; adaptaram-se coplas, décimas, temas de danças, fios do Canto do Vento.

E nas serras, no mato, nas fundas quebradas do norte, o violão se desvelou junto às quenas de kollas e mestiços, se irmanou com o charango, dialogou com a harpa junto aos largos rios, foi revelando mundos de solidão à paisanada dos quatros rumos da pátria.

É que "a voz do violão é escassa, mas chega longe. Longe... em direção ao fundo".

Uma vez falei de Nazareno Ríos, um desses cantores que passaram, escolhidos pelo Vento para juntar as trovas dispersas na planura.

Eu era muito menino quando o escutei, mas nunca hei de esquecê-lo, pela emoção que me produziu seu canto e a lição que semeou em seu andar. Tangia as cordas delicadamente. E Nazareno Ríos era um gaúcho. Quando elevava o tom de sua voz em um estilo, o apoiava fazendo terças nos bordões ou breves arpejos graves. Desta maneira, seu discurso resultava equilibrado, honesto, cabal. Era como deve ser: um canto onde a consciência e o sentimento se consubstanciavam, controlando-se.

Muitos anos depois, um violonista me fez evocar com maior firmeza aquele trovador do pampa. Esse violonista foi Abel Fleury. A maneira de tratar o modo e desenvolvimento de suas milongas me recordou Nazareno Ríos, ainda que Fleury fosse mais completo como instrumentista. Mas a substância sempre assinalou Fleury como sabedor da lenda do Vento.

Não se pode tocar assim, porque sim, as milongas da planura bonaerense. É mister aprofundar o mistério da paisagem, o silêncio e o anelo do paisano. É necessário abordar o tema "confidencialmente", ainda que haja muita gente escutando.

Johann Sebastian Bach, catedral da verdade musical, dizia: "Quando toco, o faço pensando que na sala, anônimo e atento, está escutando um grande músico. Para esse grande músico ofereço minhas cantatas".

Fleury, músico e, ademais, artista, tocava seus prelúdios crioulos, seus estilos e milongas, talvez para esse gaúcho invisível, anônimo e atento, que ouvia na penumbra a mensagem de um violão com dignidade. Por isso entregava a paisagem em sua música. Por isso traduzia seu amado pago de Dolores; por isso andavam seus pericones e cifras aromando as noites de Tandil e Azul; por isso o viram os campos onde retouça o nhandu, os tachãs, as garças e os flamingos, a caminho de Pringles, Tres Arroyos, Bahía, Puán, Trenque Lauquen, para citar apenas alguns pagos surenhos, mas sem esquecer países de nossa América nem Madrid, Valencia, Barcelona, Asturias, nem Paris, nem Lyon, nem Londres, nem Lisboa.

"Longe... em direção ao fundo".

Atualmente, a velocidade não é "virtude" exclusiva dos aviões e automóveis. Também ganhou o mundo do violão. Conseguiu baratear sua mensagem. É como se o violão, quanto mais se aproxima dos microfones, mais se distancie da terra e seu mistério.

Em nosso país, há um bom número de jovens violeiros e violonistas. Mas, infelizmente, preferem – dada a época – ser cabeça de rato do que cola de leão. Preferem, e assim o demonstram dia a dia, ser os melhores entre os medíocres, ao invés de ser os últimos entre os melhores.

O *vibrato* está se perdendo. Os violões de agora soam, não vibram. E esse adminículo a que chamam "palheta" é como uma esponja de aço encarregada de apagar a cor da paisagem. Melhor dito, a paisagem do homem, olhada, sentida e transmitida de dentro.

Não se deve dar a minhas palavras nenhum sentido de animosidade contra ninguém. Risso dizia: "Há lenha que queima sem fumaça, cada qual queima sua lenha". Penso que me assiste, apenas, o direito de doer-me pelo destino atual de um instrumento que foi emoção, prazer e consolo de gaúchos e paisanos, que revelou no pampa um mundo para entender e vencer o muro da solidão que aprisionava o homem.

Mais de dois séculos de tradição e violão campeiam pela pátria. É uma herança muito importante e muito sagrada.

Nos desvelamos muitas vezes por assuntos que não valem a pena. Bom será que nossos rapazes, enamorados do Canto, entendam alguma vez a importância de desvelar-se estudando, meditando, buscando a maneira de incorporar-se como herdeiros desse íntimo e apreciado tesouro que o violão argentino esconde, esse violão cuja voz é escassa, mas que chega longe.

"Longe... em direção ao fundo".

XVIII
"ME CINGE INVISÍVEL LAÇO"

Conheci há muitos anos um cantor que tinha lenda e paisagem por trás de sua voz. Cantava yaravís, vidalas, zambas, tristes do norte e estilos do sul. E tudo cantava com propriedade, dando a cada tema seu verdadeiro caráter, seu cabal sentido. Em resumo: sabia interpretar o Canto. Sabia colocar-se na região e no ânimo de cada canção.

Apesar de sua bela voz, não muito caudalosa, mas bem timbrada, baritonal e crioula, sempre escondia, como atrás de um véu de pudor ou de prudência, algo assim como uma paisagem que ainda podia regalar sua luz para a copla entardecida.

Esse cantor se chamava Juan Carlos Franco. Era tucumano, e naqueles tempos servia no exército argentino com o grau de primeiro-tenente.

Alto e atlético, amigo do esporte, bom esgrimista, bom ginete, Franco se destacou sempre como gentil cavalheiro de educação muito cuidada e logo revelava a quem começasse a conhecê-lo uma fina sensibilidade e um profundo sentido da amizade.

Fará em breve trinta anos de sua morte, mas os amigos que convivemos com ele tanto tempo, naquela nossa juventude, o recordamos como se tivesse partido ontem para alguma estranha viagem.

Hábil no violão, buscava no instrumento os caminhos do encantamento. E escreveu versos. E compôs vidalas inesquecíveis. Viveu vários anos em Santiago del Estero. Lá na doce terra, a duas léguas de La Banda, estava "San Carlos", a velha estância dos Arzuaga.

Ali conheci Juan Carlos, em 1927. Ali conheci sua esposa, Pepita de Arzuaga. Ali arrumei os brinquedos de sua filha Perla, sob os velhos algarrobos da propriedade.

Ali escutei as vidalas de Franco, na hora serena em que as cigarras de novembro calam, para pulsar o silêncio dos matos, enquanto o bordão de um violão desembaraça selvas fantásticas como abrindo picadas em direção às Salamancas do coração.

"Trago violão e vidala
para vir te ver.
Só te peço, minha Negra,
dá-me algum consolo
pra eu poder volver..."

Vidala para a serenata à namorada. Vidala que se canta sob a varanda de um casarão crioulo, enquanto, como um rito, se bebe em silêncio um pedaço de mato que chamam *aloja*[154].

Mas sempre a tarde traz na ampliada sombra das árvores um tom melancólico, quase triste. E o artista tucumano, o crioulo Juan Carlos, se sente um pouco só, ou só o necessário para dizer coplas a um impossível...

"Vendo passar uma nuvem
lhe disse: leva-me
tão alto como tu sobes.
A nuvem passou dizendo:
Impossível... Impossível!

"Pedi amor a uma morena
só por vê-la assim, tão buena
Como a nuvem e a estrela
me respondeu, dizendo:
Impossível... Impossível!

"Para que quero meus olhos.
Meus olhos, para que servem.
Meus olhos que se enamoram,
e se apaixonam, vidita,
por impossíveis... por impossíveis..."

---

[154] Ver glossário.

Anos depois, em 1931, cheguei a Salta, de a cavalo. Gumersindo Quevedo me presenteara um lindo rosilho em Río Piedras, e em dois dias de viagem me pus sobre o cume de San Bernardo. E um instante depois tirava as esporas para subir os degraus do Club 20 de Febrero e cumprimentar o doutor Abraham Cornejo e o coronel Day.

Essa noite, desfrutando da tradicional hospitalidade dos cavalheiros saltenhos, cantei uma dúzia de vidalas de Juan Carlos Franco. E esparramei suas coplas em seguida por todo o Vale de Lerma, desde o Mojotoro até a Silleta, Cerrilos, Los Laureles, Atocha, Quivilme e Las Moras.

"Eu galopeei muitas léguas
para vir te ver...
Só te peço, minha Negra,
dá-me algum consolo
pra poder volver."

Por razões de sua profissão, Juan Carlos andou muito país. Caminhou os quatro rumos da Pátria. E sempre deixou muito boas impressões de sua condição de criou-lo, cavalheiro e cantor.

Mas era algo mais do que um mero cantor. Havia nele desvelo e consciência e um espírito bem direcionado. Conhecia bem o campo, ainda que sobressaísse na vida mundana, onde impunha, ainda que sem querer, sua forte personalidade.

Era indubitável: havia lenda e paisagem detrás de sua voz. Era como a sombra de uma nuvem longa passeando seu mistério sobre um campo ensolarado:

"Me cinge invisível laço.
Não posso cantar...
Por isso, vou assobiando
pelo areal...".

"Coisas sucedem
não posso dizer.
Não há mais remédio
Que andar e sofrer".

Como não posso cantar,
por isso vou assoviando
pelo areal...".

Uma noite, lá por Suncho Corral, Departamento Figueroa, um jovem santiaguenho, com a caixa junto à têmpora, como se tivesse a lua por travesseiro, cantou-me a metade dessa vidala do "Assoviador". Dos campos vinha um aroma de poejo, como se o ar bendissesse o silêncio dos algodoais, neve transmutada na forja dos bosques.

"Me cinge invisível laço.
Não posso cantar... ".

Com esse moço, recordamos Juan Carlos. Suncho Corral, povoado de uma única rua longa, parecia uma aldeia de maravilha, na qual brotavam violões em cada esquina, chamando o amigo, evocando suas coplas, dissimulando sua ausência.

Certa vez, no Rio Grande do Sul, um paisano brasileiro, ouvindo um cantor, sentenciou: "Quem canta desse jeito não se vai mais deste mundo...".

É o que acontece com Juan Carlos Franco. Morreu em Jujuy, em 1934, de tifo. Nos momentos em que a febre cedia um pouco, Franco pedia o violão e mandava abrir as janelas da velha casa da rua Alvear. Seu pulso negava precisão ao acorde. Mas dessa vez sim, só dessa vez, aparecia a lenda e a paisagem diante de sua voz.

Era a sombra da nuvem sobre o campo ensolarado. O "Ai" que nunca disse, e que ficava arrinconado atrás da copla realizada e elegante. Era o imponderável que assinala os artistas. Que distingue quem caminha para diante, adiantando-se sempre. A árvore sozinha, paisagem em si mesma. O eco abraçando o grito. O adeus, abrindo sua labareda de fatalidade no minuto mais formoso da vida.

Aquela frase indígena poderia estar na tumba de Juan Carlos:

"Punchay Punchaipi, Tuta Iarcaj"
(Na metade da tarde fez-se a noite).

XIX

O PUMA

Ruge o puma, e pelo medo
fica tesa a manada.
E no campo se alvoroça
a relinchar, a eguada.
A. Y.

Desprezo a caridade
pela vergonha que encerra.
Sou como o leão da serra:
Vivo e morro em soledade.
A. Y.

Gosto de ver o leão quando está ferido,
para temperar meu sangue com suas queixas.
Mas enjaulado não, se está entre as grades
é súplica sua voz, já não é rugido.
J. C.

Infinidade de histórias, citações, coplas, referências e lendas trataram, em nosso país, desse felino americano que nossos paisanos chamam puma, ou leão, ou "o dano".

Sua imagem está fixada nos cântaros das velhas tribos, tanto dos bosques quanto da montanha; nos Inti-

Huasi onde ainda se estudam os hieróglifos e pictografias da indianidade.

Neles aparecem, em claros e perduráveis caracteres, as garras do puma, seus lindos olhos cruéis, a atitude de arco de seu corpo quando concentra a colossal musculatura, pronto para o salto, seu ar inocente quando se estende sobre uma rocha, ao sol, seu sereno e grave gesto de especialista quando ensina aos filhotes as artes da espionagem, perseguição ou fuga, sua ferocidade quando crava as garras no lombo dos potrilhos, sua habilidade para alçar no lombo um cordeiro como uma simples mochila, sua valentia para morrer peleando, sabedor de que sua bravura é perigosa enquanto lhe restar um pouco de alento vital.

Os livros que tratam sobre o puma coincidem geralmente em afirmar que "o dano" sai para caçar à noite, ou muito cedo, antes de clarear o dia.

É possível que assim seja, e que, sendo um bicho tão desconfiado, escolha as sombras da noite para deslocar-se pelos campos, através dos pajonais ou no emaranhado dos matos, em busca de presa.

Muitas vezes, nas províncias, quando, ao cair a tarde, o inverno desata uma garoa delgada e tenaz, os paisanos murmuram: "Linda noite pro leão!".

Mas em muitas ocasiões a besta não espera a noite, e em pleno dia, em plena sesta, atropela a eguada, ou na meia-encosta da serra topa com a manada de cabras, desnucando várias e levando a melhor.

É incrível a quantidade de pumas que habitam nosso interior. Pareceria que jamais tivessem sido objeto de perseguição. Mas não passa ano sem que cem pumas caiam na trampa da escopeta, ou sucumbam sob um balaço certeiro, ou os abata um flechaço apenas assoviador em um canto da floresta, em um vasto território que abarca o sul de Salta, as costas do Salado, os esteiros do Dulce, as serras de Comechingones e as planícies de La Rioja.

***

Há alguns anos, em uma grande expedição entre a província de San Luis e o sudoeste cordobês, em menos de dois meses foram caçados mil e trezentos pumas, entre grandes e pequenos.

E no Chaco, lá por Pampa de los Huanacos, os velhos habitantes costumam matar pumas e onças para dar-lhes de comer aos cachorros.

E é luxo para os posteiros do Departamento de Anta retovar seus chapéus com peles de puma, ou adornar as caronas com recortes do "overo", o "dano", onça ou puma.

O jesuíta Florián Paucke, em seu *Historia de los Mocovíes*, conta que em 1749 houve um envio à Espanha de quatorze mil couros de onça e puma.

A propósito do "dano", Paucke, em suas crônicas intituladas *De acá para allá*, nos conta que o puma, junto aos rios, costuma "pescar" metendo uma mão na água e movendo suavemente até chamar a atenção dos peixes.

Quando estes se aproximam e o leão crê que a presa está ao alcance de sua garra, dá o manotaço e joga na margem o peixe. Salta atrás dele e lhe dá uma dentada, voltando em seguida ao rio para repetir a operação.

Ao jacaré, também o vence, saltando subitamente sobre ele e rompendo-lhe a nuca, sem luta. O sáurio ferido se atira no rio e, ao morrer, a corrente o faz flutuar até perto da margem, onde o "dano" o recolhe e se dá o grande banquete.

Antigamente, os indígenas que habitavam as costas ocidentais do Paraná costumavam cruzar os matos a cavalo, protegendo as ancas dos animais com um par de grossos couros de ovelha, mal presos sob os bastos ou a carona. A experiência aconselhava essa precaução, já que o puma, a onça e o oveiro, quando devoram um homem, não desejam outra coisa, e espreitam a passagem do viajante nos bosques.

Os mocovíes[155] e demais populações do Chaco Gualampa atravessavam os caminhos do mato com grandes precauções. O leão saltava de surpresa sobre eles e, ao agarrar os couros de cordeiro, estes resvalavam ao chão e o ginete tinha o tempo justo para fugir, salvando assim sua pele e seu cavalo.

Há muitos anos, no que hoje é tapera e antes era um rancho com livros e músicas nos cumes de Raco, em

---

[155] Etnia que habita as atuais províncias de Chaco, Formosa e Santa Fé.

Tucumán, don Manuel Arce, povoador desses pagos, me regalou um lindo bornal de couro de puma.

"Pra que estejam advertidos da catinga do *dano*", disse, aconselhando-me que desse ração nesse bornal aos cavalos que usasse para as viagens longas entre os matos. Era costume da gente dessas lombas. Uma espécie de "feitiço[156] preventivo".

No século passado[157], em tempos das guerrilhas, os sentinelas gaúchos do litoral vigiavam os passos do rio, as picadas da selva. E nas noites frias, cheias de umidade e cerrações, costumavam cobrir suas cabeças com um couro de puma, como se fosse um poncho selvagem curtido apuradamente, apenas sovado, cheirando a graxa amarela. As garras caíam aos lados do homem, como se a "unha caçadora" pulsasse o ninho da adaga, batendo às vezes nos patacões da rastra, despertando no gaúcho mateiro quem sabe que instintos recônditos que lhe acendiam o olhar, perscrutador de toda sombra, e acendiam no sangue candeias de coragem que escapavam de repente céu arriba, apontando o grito, maneira de rugir que o homem encontra antes de atropelar com tudo, para a vida, para a liberdade, para a morte.

***

O puma!

---

[156] No original, "gualicho" (ver glossário).

[157] Refere-se ao século XIX.

Há um velho duelo, um parelho rancor entre o puma e o homem, em nossos campos.

Lá, entre os chañares, na brabeza do espinhal, a eguada pare seus potrilhos, lambe suavemente sua pelagem recém amanhecida. A égua não se aparta de sua cria. Até passa fome e sede.

O potrilho mal e mal se sustenta sobre suas longas patinhas. Tenta passos, ensaia coices, move seu curto rabo alegremente, começando a degustar a vida, olfateando a grama que um dia provará; dando cabeçadas com doce torpeza nos ubres de sua mãe, provocando o manancial de seu alimento.

Cada pequena corrida lhe revela o mundo. Seu mundo. Assim, chega até o barranco e fica estremecido frente ao abismo, em cuja borda as árvores perdem sua verticalidade, porque após cada tormenta a terra se vai. Assim, busca na sesta a sombra das aroeiras, até que a égua, com nervoso relincho, se aproxima e o retira da má sombra. Dizem que a aroeira "tem um ar chorador que incha os olhos e dá febre". E algo disso é certo, já que há muitos lenhadores que se negam a derrubar aroeiras e que adoeceram, inchados e doloridos. Assim, o potrilho aprende a se esquivar dos formigueiros, dos cactos, do falso alecrim, da água parada. Mal escuta o galope dos posteiros, começa a se pôr sério e dá voltas ao redor da égua, como se tudo fosse pouco para proteger-se.

E na hora dourada da tarde observa com grande susto a tarefa da iguana no piquillín pleno de saborosíssimas pérolas pequenas, vermelhas e pretas. A iguana escolhe o arbusto, se aproxima do frágil tronco e dá um violento relhaço nele com a cola. A fruta cai esparramando-se pela terra e o animal devora grão a grão, guloso, o doce piquillín.

Mas acontece então algo surpreendente: a iguana foi espiada e seguida por um pequeno bando de sabiás, que gostam de piquillín, mas cujo fruto não podem comer sobre o arbusto por causa dos espinhos, e vão aproveitar as perolazinhas caídas. E, para isso, estão dotados de uma especial picardia. Um sabiá voa e se põe a comer a poucos metros da iguana, como escolhendo os frutos mais limpos. Ela o descobre e se larga correndo à caça da ave que, fingindo-se surpreendida, voa junto ao solo à distância precisa para afastar a iguana do banquete.

É então que os outros sabiás aproveitam e comem a gosto, até que a iguana retorna e corre todos os "piquillineros".

O potrilho vai aprendendo a entender seu mundo. O resto, lhe vai ditando sua espécie a partir do mistério de seu instinto. Pouco anda, mas sua mãe o conduz a trancos lentos até a árvore sob cuja sombra dormirá, sobre pastiçais limpos, sem formigas nem perigos à vista.

***

Eu percorri durante anos as serranias de minha pátria. Vivi longo tempo nas fundas quebradas, nos matos, nas terras sedentas onde o salitral ostenta seus mentidos mares e seus falsos diamantes. Passei temporadas entre índios, entre kollas, mestiços e paisanos. Dormi em choças onde a miséria perturba todas as paisagens. Passei noites nos cumes, nos vales abandonados, atando meu cavalo a laço longo e assegurando a presilha em uma espora, deixando uma bota a meio tirar, para assim despertar ao primeiro tirão.

Contemplei as manadas saltando entre os penhascos de uma paisagem bíblica, obedientes ao latido do pequeno cachorro pastor. Olhei potrilhos tombados sobre a dura grama, dormitando, e, ali perto, a potranca mãe, recortando sua silhueta sobre o fio da lomba.

Passei horas entre a gauchada de antes, ouvindo histórias e atendendo conselhos de paisanos quase centenários acerca das diferentes maneiras de rastrear e caçar os pumas, conforme o dia, conforme o terreno, conforme o vento.

Vi cachorros destroçados e outros feridos pelas garras do "dano". Ajudei a curar braços quase desfeitos de gente que havia enfrentado a besta com um cachorro não muito vaqueano e com a única arma de um pau de "mato" ou "arrayán"[158] como lança. Aprendi a esmagar a casca da corticeira até fazer dela uma massa e colocá-la como cataplasma sobre as feridas. Aprendi que a própria

[158] Algumas espécies de árvores da região platina. No Uruguai, costuma ser chamada assim o que no Brasil se denomina murta.

graxa do leão, derretida e misturada com bucho de avestruz, é o melhor unguento.

Aprendi que encerrar mulas entre os cavalos é boa segurança, já que o muar pateia o chão, produzindo um grande alvoroço que termina por afugentar o felino. As paisagens mais belas se sucedem ao longo do caminho: cerros montanhosos e cerros de pura pedra, rios mudos e rios cantores, selvas altas e montes atarracados.

As manhãs se abrem com o grande concerto de todos os pássaros. E a tarde, lenta e melancólica, vai recolhendo suas policromias, enquanto se ouve o azulão[159] e o urutau, estranhos como uma lenda, formosos como uma estrela ou um poema. E entre os rumores, o bater de asas tenaz do beija-flor junto à flor do cacto. E em meio a essa natureza prodigiosa e deslumbrante, o puma, cruzando os campos, vigiando do alto de uma rocha ou bramando encerrado na noite, sob as distantes constelações estremecidas.

E, de repente, o terror no curral das cabras. E o relincho de alerta nos potreiros. E um tropel de galopes desesperados que afogam o diálogo das pedras com o rio.

E a cachorrada que late, se revolve e atropela as sombras. Até que o puma, alcançado ou não seu propósito de matar, escapa, enquanto as vozes dos homens, antes vibrantes, são agora um sussurro que organiza a perseguição.

---

[159] No original, "reina mora" (ver glossário).

E atrás dos cerros se deita a lua. E os latidos se tornam distantes. E o Vento recupera sua voz entre as ramas. E a montanha volta à sua quietude de séculos entre grilos perdidos e mistérios de tempos e de silêncios.

XX

CAMINHOS NA PLANURA

Passa o Vento sobre o pampa, sobre as sementeiras, sobre a grama infinita. Os pastiçais parecem bailar um tipo de dança de débil vibração, como se o Vento ao passar deixasse sobre eles diminutos violinos invisíveis, nos quais os pássaros fossem beber a raiz de seus trinados.

Há um outono recém-aberto sobre o pampa, derramando serenos méis ao longo da paisagem.

Os tempos mudaram. O progresso trouxe monstros mecânicos e os largos caminhos – rastro cicatrizado de todos os adeuses – se converteram em cintas asfálticas para que os homens, conduzindo máquinas velozes, passassem ao largo junto às paisagens para só chegar às cidades.

Antes, os caminhos se compunham de infinitas chegadas. Os homens que cruzavam o pampa em carretões, ou montando crioulos cavalos, aqueles do "fôlego longo e do instinto fiel"[160], chegavam às etapas determinadas pelo coração, o amor à terra, obedecendo o mandato de antigas vozes recônditas. Assim, desfilavam "chegando" ao umbu solitário, ao ninho de joões-de--barro, ao potreiro dos touros, ou da novilhada, ou da terneiragem. Assim chegavam às velhas porteiras, onde se eterniza um pequeno lodaçal amassado pelo trânsito de bestas e o amontoamento das reses. Ao ninho oculto entre os canhadões – mistério, garças e borboletas. Os canários-da-terra saudavam a manhã do homem, e sobre a escura mancha bordada pela grade do arado, os lavradores traçavam nos camalhões um pentagrama para anotar com sementes a música de seus assovios, enquanto as gaivotas brincavam as fantasias de uma zamba plena de frescores sob a graça do sol.

Às vezes, como as paisanitas nas tardes, a pampa[161] troca suas vestes e adorna seus encantos como se quisesse enamorar o *lucero*[162], dócil potro prateado que a lua nova leva de tiro.

Abre, então, sua mágica arca e expõe todas as cores frente ao espelho das lonjuras. E fica pensativa longo

---

[160] São os primeiros versos do poema "Caballito Criollo", do argentino Belisario Roldán (1873-1922): "¡Caballito criollo del galope corto, / del aliento largo y el instinto fiel".

[161] Optamos, nesta passagem, por manter a denominação no feminino. Yupanqui compõe uma bela cena de sedução ao "luzeiro" que descreve a planície como uma menina camponesa.

[162] Vênus, a estrela d'alva.

tempo, já sem pássaros. Seu rosto ostenta o acobreado tom indígena e medita sem resolver-se a usar cor alguma. Só a sua – a de sempre, a marcada cor de sua raiz, de seu tempo, de sua fundura. O vento, sabedor e andarilho, entende esses estados de consciência da pampa e lentamente cobre o imenso espelho da tarde com um velho poncho escuro. E por aí, quebrando os cristais da noite, um que outro cincerro pendura os tons de que a paisagem precisa, para que comecem a nascer as vidalitas.

Esta é a terra inexplorada pela juventude cantora destes tempos.

Esta é a planura bonaerense: grama, duna, corcovo e caminhos infinitos. Encouraçado em sua história e sua lenda, a pampa não está triste. Nunca está triste. O vento juntou nele os tesouros do campo e os dizeres do gaúcho. Muitos. Muitíssimos. E ao passar em sua viagem sobre os pastiçais, deixa cair fios dos antigos cantos, de estilos e milongas, de cifras e centenas de histórias e refrões.

Ali estão, nos currais, perto dos matos, como ninhos de amor e de pudor, custodiados pelos juncos da canhada, ou pelos cardos, na alta madrugada, sob o Cruzeiro do Sul.

Ali estão, esperando. Esperando sempre, atentos ao rumor dos caminhos, sempre prontos para voar rumo ao coração dos desvelados e prodigar-se em consolo, em graça, em evocação, em beleza, em consciência e destino.

É verdade que os violões pulem suas graças para a zamba, e é verdade que sim, os violões autênticos da terra hão de traduzir o exato caráter das chacareras. E que diante dos algarrobais hão de rezar cabalmente uma vidala.

Mas pouco se pode traduzir se não se conhece em profundidade o idioma da paisagem. Só ele dita suas leis em cada pago, em cada zona.

Em matéria de música rigorosamente folclórica não cabem as "versões", não tem sentido o "dizem que dizem..." E muito menos serve tocar um tema porque sim, "porque Fulano faz bonito". Este critério, além de barato, é falso, é anti-artístico, anti-paisagem.

Um santiaguenho crioulo de Salavina canta com áspera voz sua copla. Mas tem em seu auxílio, para luxo de seu dizer, sua paisagem, seu jumial, sua areia, o ar de seu pago, os candeeiros que os avós acenderam no sangue.

O artista que busca os caminhos do canto nativo aprenderá a melodia e os versos da canção. Mas o caráter, o "ar", o mistério e a graça do canto, só poderá entregar depois do desvelo. O desvelo que supõe o andar, o conhecer, o meditar, o fazer antes de cada assunto musical um ato de consciência.

A exibição, o espetáculo, o deslumbramento, são coisas secundárias e até perigosas. Perigosas porque se corre o risco de fixar em primeiro plano a figura e a forma habilidosa do artista, sem que estejam presentes, antes e sempre, a paisagem, a região, o povo que amassou o canto com sua esperança, seu silêncio, sua cor e sua lágrima.

Todo temperamento sem cultura, morre. Temos institutos especializados. Temos academias e bibliotecas.

Temos gabinetes de pesquisa para o folclore, para a etnologia, para a arqueologia, a linguística e a música. Só se precisa, além do amor ao assunto e as oportunidades, vontade e consciência. Profundo anelo de fazer as coisas bem e com verdade. Depois virá o prêmio ao esforço. Ou não virá nunca. Mas a consagração está fora de nós. Não nos pertence, nem a devemos esperar. O grande ditado indica de dentro. Fora estão só as coisas, e os caminhos para o lento andar dos que anseiam aprender, saber, meditar, traduzir.

E entre tantos caminhos, há muitos como leques sobre a pampa esquecida, sobre a grama infinita da planura. Penetremos no mistério e na graça do canto pampiano, antes que a multidão de fios deixados pelo vento amadureça demasiado em solidão e olvido. Porque depois, ao passo que vão os tempos, talvez nosso coração reduza sua caverna sensível e já não possamos conter para nosso gozo vozes tão importantes como essas que entesoura a pampa, sob o Cruzeiro do Sul, tão seriamente amadurecidas no olvido e solidão.

O CAMPEIRINHO

Jaqueta remendada, chapéu de homem.
Assovia, como se "andasse querendo".
Úmidas pelo sereno as alpargatas,
antes do sol já sai o guri campeiro.

De cima vem o beijo das Três Marias,
e o vento que ao passar lhe dá conselhos.
Ao vê-lo picando fumo, tão gauchinho
a D'alva lhe dá fogo, de seu isqueiro.

Gurizinho! Paisaninho!
Nesse recorrer os campos
entre dor e alegria
aprendendo a ser gaúcho.

Gurizinho! Paisaninho!
Irmão dos salsos chorões
onde vais sonhar os sonhos
que sonhas nas solidões.

(Sonha que sonha, o campeiro;
sonha que vai pela vida
sem dores, pelo sendeiro.)

Ele conhece o vau de cada canhada
e ao cruzar os juncais, descobre ninhos.
Tem uma mãe bem gaúcha e, de travesso
faz que está dormindo e ganha um beijinho.

O conhecem os peões, que na cozinha
olham as bruxarias do trasfogueiro. [163]
Às vezes, o fita um velho, um instante
e pensa: "também já fui guri campeiro..."

163 Tronco de lenha grande, para manter o fogo por toda a noite. Pai-de-fogo.

XXI

ONGAMIRA

Quebrada de Luna... Rincón de Ochoba... Puerta del Cielo... Nomes que os paisanos pronunciavam como se mordessem frutas dulcíssimas de um lugar de sonho: Ongamira. Aparecia de repente, no caminho, esse pago de ranchos apertados entre torrões avermelhados que copiavam as formas de uma estranha fauna.

Tudo ficava costa acima: a solidão do campo, com um ar fresco que ondulava os pastos; as vertentes que desciam da parte oriental do Colchiquín até formar, atrás dos Zupaga, uma aguada de encantamento, custodiada por salsos e chañares, chamada Yacochay.

Os paisanos ocupavam os domingos conversando, degustando vinhos da zona, entre "agora"[164] e "velay"[165], exibindo arreadores e rebenques de boa trança, com inhapas franjudas. Sobre os fletes, a tarde curioseava as pilchas dos arreios, os mandis[166] azuis ou vermelhos, os *estribos-caspi*[167], o chapeado das cabeçadas[168], o laço enrodilhado sobre as ancas.

Nos pátios, o ar varria com suavidade a nevezinha dos jasmins, e das cozinhas evadiam-se aromas de marmelos assados, de milho de canjica, de açúcar caído sobre as brasas.

Às vezes, do fundo das lombas, vinham os mugidos do gado, da tourada no cio. As horas passavam lentas e claras enquanto, lá no ocidente, os deuses, sem pressa, começavam a acender as forjas do ocaso para despontar as estrelas gastas por tão longa viagem.

Chegava assim a hora azul das vidalas, na última luz de Ongamira.

"Todos os que cantam bem
cantam das portas pra dentro,

---

[164] Forma arcaica de "ahora", coincidente com o português, que Yupanqui identifica, naquele momento, no falar dos camponeses.

[165] Expressão interjetiva, resultante da contração de "velo ahí".

[166] Grossas mantas de feltro, geralmente azuis ou vermelhas, parte do conjunto de peças com que se encilha um animal de montaria.

[167] Ver glossário.

[168] O trabalho em metal, geralmente prata, que adorna a peça de couro ou outro material que sustenta o freio na cabeça do animal, de onde, por sua vez, pendem as rédeas.

meu doce cantar.
Eu, como canto tão mal,
canto de sereno ao vento.
Meu doce cantar..."

O violão brincava com cristais desconhecidos. Era outro o ar, outra a tarde, outro o paisano. Havia que andar os sendeiros de humildade, como os deve andar um forasteiro que não quer ofender nem a grama que pisa...

As moças traziam mate. E de suas mãos só emergia a bomba, porque o recipiente estava coberto com um branquíssimo guardanapo, como se apresentassem ao cantor uma pomba adormecida na neve. A bebida tinha um acentuado sabor de hortelã campeira, e avivava lembranças de distantes canais, aproximando paisagens nunca esquecidas.

Recortando no fio das lombas sua alta figura, descia da serra Deodoro Roca, com seu cavalete e sua caixa de pinturas. Havia estado entre os penhascos de Ochoba, juntando inhapas deixadas pelo Vento. Deodoro tinha terceira dimensão. Profundidade. Sentido cósmico.

Para além de seu escritório de advogado, mais além de seu casarão todo livros, mais além de suas polêmicas com os acadêmicos, da vulgaridade pseudo-intelectual, seu motor trabalhava criando mundos de cor e de graça, de amizade e poesia.

De repente, estava Deodoro, coberto com seu poncho puyo, olhando ao longe, como adivinhando o caminho por onde se vai a música quando o canto farisca querências íntimas.

Junto ao fogo, Carlos de Allende, observador de troncos e ramagens, estudioso de árvores, de folhas e raízes: um Lillo[169] cordobês, mas a quem a poesia ganhou, debilitando o cientista.

De repente, dando as costas à barranca que limita o pátio, Alfredo Martínez Howard, o poeta entrerriano que depois de correr o mundo ancorou definitivamente em Alta Gracia. O mesmo guri aquele de *Cuaderno de estudiante*, que olhava as moças pensando:

"Não aprendes a dividir,
e sabes multiplicar..."

E como fundido no cadinho do ocaso, sob a ramada do rancho de Zupaga, Mario Bravo, ausente de todo andar político. Mario Bravo, o tucumano, irmão das zambas e glosador de vidalas. O crioulo indiático, de pronta imaginação para um causo, para uma lembrança, para acercar-nos homens e paisagens de seu Tucumán bem-amado.

Entre os locais, o crioulo "avizcachao"[170], como dizia Deodoro: Don Feliciano Córdoba, com seus oito

---

169 Provavelmente se trata de Miguel Lillo, naturalista argentino nascido em Tucumán no final do século XIX.

170 Semelhante à vizcacha. A grafia deve-se à forma popular e regional de pronunciar o particípio terminado em "ado". A analogia pode muito bem referir-se ao personagem Vizcacha, de

cachorros, cada qual com nome e sobrenome. Usava don Córdoba como badana dois couros de ovelha sem recortar. Apenas estaqueados uns dias, sovados às pressas, sem desenhar nem recortar as garras. E usava um só estribo, do lado de montar. "Assim posso ir tocando de garrão o meu *lobuno* mais melhormente, sabe...?"

Só se barbeava de longe em longe, "pra que a neve de julho não me branqueie a gema da cara...". E andava em seu velho cavalo, seguido de seus cachorros.

Tinha uma chacrinha regular, e vacas, e ovelhas. E vivia só, avançado de antiguidade, mas forte, ainda.

Don Córdoba era muito dado a escutar. Não fumava. Quando lhe ofereciam um cigarro, respondia piscando o olho: "Gracias, não tenho vícios secos...". Talvez seja por isso que, além do bom vinhozinho da região, bebia cada palavra que os demais conversavam, fosse o assunto que fosse.

Uma noite se trançaram a discutir Deodoro e Dr. Bravo sobre a possível habitabilidade da lua. Citaram revistas especializadas, opiniões de estrangeiros notáveis. Até que o nome estimado de don Mártin Gil andou entreverado entre outros nomes difíceis como receita cara. A culpa dessa charla foi da lua, uma lua redonda e solitária que saiu de trás da Porta do Céu. O pago estava tão claro que não cabia nem a sombra de uma intenção.

La Vuelta de Martín Fierro (1879), de José Hernández – e não ao roedor de que este toma o apelido.

O vento, ausente, e só a voz de Deodoro, em longa exposição, falando de estados cósmicos, de céus estratosféricos e outras lindezas do espaço.

Don Feliciano Córdoba não perdia uma palavra, e escutava com assombro crescente. Até que não pôde mais, e acercando-se a Deodoro Roca, exclamou: "Mas pucha que não viajou quase nada o doutor nas suas andanças! Até na lua se meteu mais de uma vez, na certa...!"

Ongamira... Quebrada de Luna, Rincón de Ochoa... Puerta del Cielo... . Entre os torrões vermelhos hão de vagar as sombras de teus poetas, de teus pintores, de teus gaúchos.

Muitos anos passaram e não voltei a recorrer o costa arriba de teu caminho, entre figueirais e pessegueiros, junto à aguada de Yacochay, onde as pombas da sesta descem para beber.

Cada vime, cada pedra, custodia o eco das vozes que na tarde de Ongamira os poetas ofereceram para a paisagem, para a evocação.

Por caminhos sem regresso partiram muitos. Não sei quantas casas fixaram seus esteios depois daqueles dias, em 1938. Penso, sim, no cristal da tarde, nos torrões estranhos, nessa solidão aquerenciada de violões, de poemas, de aquarelas, e charlas, e saborosos silêncios que a vida me regalou em Ongamira, lá perto da Porta do Céu....

XXII

DON JESÚS

Morreu o don Jesús Luna.
Gaúcho bom, "por demais"
Mesmo que não falem dele
O lembrarão, seus iguais."

Don Luna era tropeiro, pedreiro, domador, cortador de pedra e o que mais viesse. Era "sete ofícios", como muitos crioulos do interior. E como havia tido boa criação, ostentava sem orgulho sua bela conduta, sua generosa humildade, sempre disposto a fazer alguma gauchada.

Tanto rastreava um puma como remendava sua bolsa de milho. Tanto tirava o orgulho de um potro como compunha o calçado da sua guriazinha, menina surda-muda, espelhinho embaçado do mato.

Jesús Luna vivia entre os chañares de Cerro Colorado, atrás do Posto de los Bulacios.

Não tinha caminho para chegar ao rancho. Era um sendeiro estreito, espinhento, em que, na primeira umidade, crescia um matagal. À primeira meia légua se abria o mato em uma clareira que chamavam "o pátio". Ali estava um curral, as cabras, a leiteira, as galinhas e a casa, onde uma irmã velha ajeitava as coisas, entendendo-se com a guria em cujos olhos nascia, a cada manhã, uma paisagem de pássaros mudos e vento sem música.

Entre os prazeres crioulos, don Luna tinha um preferido: era um narrador. Não andava por aí procurando quem o escutasse. Mas se a coisa vinha com rumos de causo, de história, de acontecido, don Luna puxava uma tossezinha curtona, e enquanto traçava com o indicador quem sabe que desenhos sobre a mesa tosca, começava sempre com as mesmas palavras, como um ritual de vozes chamadoras da boa memória:"Agora que o senhor diz isso... eu nunca me esqueço duma vez...". E assim, devagar, quase sem levantar a vista, relatava algum assunto, algum acontecimento do pago, gracioso ou dramático, mas sem desperdício. Brotavam-lhe imagens "como pra verso", mas sem dúvida não eram mais do que o viver entre pedras e algarrobos, chañares, açudes, solidão e pássaros.

Indubitavelmente, don Luna era um amigo do Vento semeador de fiapos, o Vento da lenda. Por isso encontrava, sem procurar, as formas de expressão que lhe ditava a terra, o pago, a vida. Por isso dizia os detalhes de uma doma na qual o potro queria lhe roubar as rédeas em tirões furiosos: "...E eu com as mãos aborrecidas de fazer força...".

Ou falando de um dia lindo: "Passavam os passarinhos com as cores mais lindas e cantando de um jeito... como se Deus tivesse esparramado açúcar no ar...".

Ou sobre assuntos sérios: "Olha, amigo... a esperança é como a flor do garabato. Está aí, logo acima, mas tem que se fincar em muito espinho, se não, não pega...".

Nas noites do verão, quando no bolicho tocam "a música", don Jesús, sem dançar nem jogar truco, ficava horas escutando a sucessão de chacareras, remedios, valsas e zambas.

Às vezes, altas horas o encontravam fora das casas, então montava em seu douradilho e partia como sem vontade, no rumo de seus matos. E como se o estivessem chamando de trás, ajeitava a orelha "a rumo do vento" para não perder o final de uma vidala que o Vento da noite lhe acercava como um presente antigo, como um cumprimento de viajante a viajante.

"Seu laço bom de dez braças,
seu flete de ganhar reais,
seu machado cortador
guapeando nos pedregais.
Sua menina triste e doente,
rosário de dores e ais.
Seu rancho sem um caminho,
em pleno mato, no mais,
só uma picada comprida
entre os algarrobais..."

Morreu o don Jesús Luna.
Gaúcho bom, "por demais"
Mesmo que não falem dele
O lembrarão, seus iguais."

Às vezes, executando um de seus sete ofícios, passava os dias inteiros emparelhando paus de piquillín para postes. Afiava o enxó como para fazer a barba e depois, pisando no pau, começava a tarefa, como fazendo que o afiadíssimo aço fosse polindo e arredondando a madeira, freando na alpargata com o golpe justo.

Fazia tudo com tempo medido, sem se apurar. De vez em quando, se o trabalho o permitia, costumava cantarolar alguma coisa, só para ele. E quando, por estabanado ou distraído, cometia algum erro, tirava mal um pau ou forçava um esticador, ralhava a si mesmo, dizendo: "Não cantes, que estás de luto!".

Passava pelo caminho da Quebrada Brava a caravana de ginetes, rumo a Caminiaga, para as festas da Candelária. Don Luna, lenço ao vento, exibia suas pequenas esporas antigas. Lá no povoado coalhado de peregrinos e curiosos, a praça oferecia a sombra das velhas aroeiras. E nos bosquezinhos próximos, envoltos em um ar de inocência, um grupo de paisanos passava a sesta se esbaldando no jogo do osso, onde Ramírez e Contreras arrebanhavam o melhor lote de níqueis com seu pulso sereno, sua falta de avareza e a justa volta e meia da "tava". [171]

Ali estava don Jesús Luna, com seus amigos, porque todos o eram. E ao cair da tarde, voltando ao Cerro Colorado no tranco da cavalhada, os viajantes faziam um alto na marcha, perto de El Pantano. E picavam fumo, armavam seus crioulos e charlavam um pouco enquanto os cavalos bebiam a água clara. Ali começava a tossezinha de don Luna, e o relato saboroso de algum acontecido. Quando tornavam a montar a cavalo, já os grilos estavam tirando a noite do fundo das grutas.

Ao chegar à aldeia de Cerro Colorado os ginetes se separavam, cada qual a caminho de sua casa. Don Jesús passava ao largo do rio, o casario dos Sosa, o *pencal*[172] dos Gayanes, Las Trancas, e endereçava rumo ao norte, em direção ao Posto dos Bulacios. Junto ao poço grande, abandonava o largo caminho e ganhava o mato pela estreita picada dos chañares. Na noite, mal se ouviam os cascos do douradilho, como se cuidassem para não despertar os pássaros.

Don Luna tratava seu flete. Pendurava em uma forquilha o baixeiro suado. Sob os esteios ficavam rédeas, laço e arreador. O homem contemplava as estrelas, averiguando o tempo de amanhã.

---

[171] Outra denominação do jogo do osso, tradicional no ambiente gaúcho platino e riograndense.

[172] Ver o verbete "Penca" no glossário.

Penetrava no rancho e ficava um momento observando o sono de sua guriazinha, a menina cercada por todos os silêncios do mundo.

Conhecendo don Luna, não era difícil adivinhar seus pensamentos nesses instantes. "Para que salta a água no rio? Para que cantarão os sabiás e os azulões, se ela não pode escutá-los? Onde, em que canto do mato, debaixo de que pedra estão as palavras que Deus destinou a ela, para que as pronuncie...?"

Jesús Luna saía com a manhã nas ancas de seu cavalo, "pra lida". E como era "sete ofícios", igual amansava um potro ou lidava com areia, cimento e água, ou polia postes, ou rastreava pumas, ou curava novilhos na serra "virando[173] o rastro"[174], enquanto pronunciava em voz baixa antigas frases rituais.

E cada semana proporcionava a ocasião de uma história. E don Luna soltava sua narração: "Sim... nunca me esqueço de uma volta, quando Rufino Galván cruzou o milharal defronte às casas. Caminhava calado, como o destino...".

Um dia amanheceu dolorido. Pôs a culpa no frio, no calor, no cansaço. "É uma coisa e outra, o causo é que não ando bem...".

---

[173] No original, "dagüelteando" (ver glossário).

[174] Forma mágica de cura de bicheiras e outras enfermidades. Recorta-se com a faca uma pegada do animal, virando o torrão de forma que a parte que estava na superfície fique enterrada.

Mas em poucas semanas já não pôde mais levantar. Via a vida do mato pela porta entreaberta. E o homem, com a ossamenta tolhida, mal e mal contemplava as travessuras do sol e do vento na areia do pátio.

Morreu à moda crioula, conforme nos contavam na noite do velório. Seguramente sentiu que estava indo e chamou a velha irmã. Pediu que encilhasse o douradilho, "mas bem encilhado".

Pra quê? Perguntava a família. E ele respondeu: "Pra eu ver. Encilhado, sujeita as rédeas em cima e me traz ele pelo cabresto até o pátio. Passeia ele, pra eu ver!"

Atenderam sua vontade. O último gosto. E passearam o flete pelo pátio, em frente à porta do rancho. Do canto, meio acomodado em seu catre de tentos, don Luna contemplou seu cavalo. Seu cavalo! Não seria estranho que nesse momento seu coração de crioulo lhe tivesse emprestado a necessária força para que soltasse uma tossezinha, como essa com que costumava anunciar o começo de um causo, de uma história cheia de imagens lindas, como pra verso.

E assim, olhando seu cavalo bem encilhado, foi indo embora da vida, calado, como o Destino.

"De a pé, charrete ou carreta,
os crioulos desses lugares
acompanham seu don Luna
pelo meio dos chañares.
"Sete ofícios", como ele.

São gente dos pedregais.
Paisanos de mato e cerro.
Gaúchos das soledades."
"Morreu o don Jesús Luna
Gaúcho bom, "por demais"
Mesmo que não falem dele
O lembrarão, seus iguais."

XXIII

OUTONO

Chegou o outono, pintor do Pampa.

E sobre o pampa vai passando o Vento, desnudando os matos, emponchando os gaúchos.

Os potreiros ostentam um luxo de ouro velho nos restolhos[175], onde a manhã aprende novos tons para sua canção amanhecida.

O céu está mais alto, e as canhadas em que o verão costumava refletir suas grandes nuvens brancas estão aprendendo a conhecer a solidão.

Os caminhos povoam-se de mugidos, porque os homens estão trocando de potreiro a novilhada. Os tropeiros recorrem um eito e, ao emparelhar-se a marcha da tropa, já podem armar tranquilos um cigarro e pitá-lo

[175] No original, "chalares" (ver glossário).

lentamente enquanto os pingos se aborrecem ao tranquito, sem ter uma mosca para espantar.

Chegarão os dias da marcação, depois da segunda geada grande.

Os castradores gaúchos operarão os potros e a tourada. Tudo há de sair bem, se o fizerem com lua minguante.

Nesses dias as estâncias serão muito visitadas. Aranhas, cavalhada, caminhonetes, automóveis de luxo, paisanos e curiosos.

Antes... era outra coisa.

> *"Aquilo não era trabalho*
> *Era mais uma função".*[176]

Antes...

Quando o pampa não estava cingido pelos alambrados; quando os paisanos errantes e os chasques cruzavam por qualquer lado; quando os mendigos viajavam de a cavalo, de estância em estância, e eram distinguidos pelo pequeno cincerro que soltava seu bulício pendurado no fiador do mancarrão[177] velho.

Quando a bisavó Natividad Guevara –resquício tehuelche em pagos de Pehuajó – fumava nas tardes seu cachimbo de gesso sob os esteios do rancho, envolta em

---

[176] HERNÁNDEZ, José. *El gaucho Martín Fierro*, Canto II, 19ª estrofe. Trad. nossa.

[177] Cavalo velho ou ruim, ou, de forma generalizada, qualquer cavalo.

um silêncio que parecia nascer-lhe das longas tranças cor de cinza.

Antes...

Quando os velhos da família voltavam dos campos respirando forte, impregnados de uma paisagem com milharais, sol e pássaros. Deixavam nos pátios seus implementos, enxadão, laço, buçal, e endereçavam rumo à cozinha para fazer entrega de um peludo ou uma mulita[178] que haviam agarrado por aí.

Quando os caminhos não tinham outra música mais que o repicar sereno dos galopes, o singelo cantarolar do paisano, enquanto os quero-queros alvoroçavam no baixio e lá em cima, como levando consigo a luz da tarde, passavam os bandos de marrecas.

Quando as mulheres, com gestos de harpistas, estendiam os braços sobre os primitivos teares, atando os fios na "alma" do tecido que um dia seria poncho.

A reminiscência me traz entropilhadas essas imagens que eu já pensava perdidas para sempre, e vejo as mulheres do Sul, ocupadas fiandeiras, sentadas em cadeiras "petiças" retovadas com couro de ovelha.

Essa tarefa ocupava dois meses. E no tempo justo, a mulher levantava, cortava as amarras do tear, passava a mão em ampla carícia aprovadora de sua obra.

E era justamente quando já estava plena sua maturidade de mãe.

---

[178] No original, "pichi" (ver glossário).

Porque era costume passar os dois últimos meses da gravidez trabalhando um poncho.

Tempo milagreiro. Tempo de sazão. Um dia preciso, a mulher sela o melhor tom de seu destino entregando um poncho para seu homem e um menino para o restolho, para o pampa, para o mundo...

"Do ventre de minha mãe,
vim a este mundo cantar".[179]

Passa o vento sobre a planura...

Os violões se tornam pensativos, aprofundando sua intimidade. O luxo da dança se foi, carrapicho sonoro agarrado nas franjas do dezembro festeiro.

Violões outonais soltam suas queixas na tarde, pontuando o sentir dos paisanos. E é varonil a queixa, no sóbrio dizer do payador.

"Popular tradição desta terra
que empanada por outros albores,
vês cair desfolhadas as flores
pelo tempo implacável, traidor".

O tempo do Canto está fixado por decisão do homem. Os violões não mudam suas cores se o homem fixa nelas sua verdade, a cor de sua nascença, de sua raiz, de seu afirmado espírito.

---

179 HERNÁNDEZ, José. *El Gaucho Martín Fierro*, Canto I, 5ª estrofe. Trad. nossa.

Se o homem, tomado pela confusão, por ausência de personalidade, por ambição ou inveja, busca refletir nos violões outro discurso, alheio à sua paisagem, não logrará acomodar conformidades em sua consciência de crioulo. E criará, ademais, um precedente perigoso, uma escola sem destino, uma arte com falsidade.

Pode fazer e criar música. Mas não deve usar o passaporte sagrado do já tradicional, das formas que são já essenciais para a alma da pátria. Fazer isso implica um senso de oportunismo barato, além de imoralidade artística.

Cada geração toma a herança que lhe deixa o fazer dos homens condutores da arte popular, do canto crioulo. O simples pensar nisso deveria despertar o sentido de uma tremenda responsabilidade.

Quando se ama a pátria, se tem respeito por ela, se crê em seus símbolos e em sua raiz, em seu gaúcho, em sua paisagem, em seu destino, não se pode criar uma arte ignóbil, nem se deve imprimir um modo estranho, não verdadeiro, falso de toda a falsidade.

Podemos apreciar, de uma árvore no campo, seu tronco, ou sua ramagem, ou suas folhas, ou o céu que através das ramas se desenha na tarde. Mas não podemos pintar um umbu com as cores do abeto, ou do limoeiro, ou do sândalo, nem adjudicar-lhe condição que não tem, nem forma que não ostenta. A honradez nos obriga a olhá-lo umbu, a cantá-lo umbu, a amá-lo umbu. A herança que possamos deixar à juventude cantora de amanhã não será nem nutrida, nem rica, nem fantástica: será um sentimento, e uma consciência, e um antigo amor de sangue, paisagem e sonho que nos vêm de muito longe, nas veias e no Vento semeador dos cantares mais belos da terra.

XXIV
NOSTALGIA

Sentia necessidade, verdadeiras ânsias de escutar uma canção tradicional, de reencontrar-me com a alma de minha pátria, de contemplar seu rosto espiritual, de ouvir o bater de seu coração sensível. Isso me ocorria noite após noite, em Buenos Aires, na primavera de cinquenta e um, ao regressar da Europa.

Ainda que em dois anos de vagar pelo velho continente eu me tivesse enchido de assombro, de admiração, de luz e caminhos, compreendi que também havia acumulado demasiada nostalgia e precisava sacudi-la de mim.

Sempre fui um tanto apreciador do estado nostálgico, esse movimento da alma, caracol de estranha bruma onde se aperta uma lembrança, retrogosto de um estado meditativo, íntimo estar, como tão lindamente dizem os quichuístas: Són-kop-ujúmpi[180], "No coração, mais adentro". Mas de nenhuma maneira compraz a ninguém ser um escravo da nostalgia.

Por isso, ao pisar a terra bem-amada, disse-me com decisão: Bueno! Hora de cumprimentar os avós!

E como meus avós, o de rosto branco e o de tez bronzeada, já cobriram suas cinzas com suas árvores preferidas, um, o umbu, o outro, o algarrobo, saí ao encontro da alma deles, que sempre está nos violões argentinos.

Buscava nas noites de Buenos Aires o violão que falasse o idioma de meu sangue, que dissesse o autóctone dizer dos salitrais, que me acercasse à queixa do *cacuy*[181].

Um violão que dissesse com sagrado acento a palavra: Pampa.

Um violão com caminhos e lendas, tépido de areias infinitas, trêmulo de constelações.

Um violão cantador de penas superadas.

Um violão serenado e fundo, guardador de coplas.

Um violão simples como a linguagem das mães, prudente como o paisano do sul, cheio de medos cósmicos, como a alma do indígena.

Já o havia sonhado, sob as árvores do passeio de Luxemburgo, nesse outono de Paris, quando as picaretas da nostalgia começavam a cavar um socavão de saudades.

---

[180] Ver nota 114.

[181] Urutau. Ver glossário

E lá, nas aldeias do norte da França, por Lens, por Arranz, ouvindo os rapazes da zona carbonífera com seus acordeons graciosos, pensava nas danças da minha terra, nos claros payadores que na minha infância escutei.

E evocava pericones na Macedônia búlgara, a caminho do Mar Negro, vendo aldeões de brancas polainas e jaquetas bordadas a bailar a Rechenitza e o Joró. Um fantasma de bagualas e ponchos punenhos me aparecia nas montanhas da Transilvânia, na nascente primavera, com cornetas iguais aos nossos erkes indígenas.

Como em ataque guerreiro me atropelavam as coplas vidaleras junto ao Danúbio húngaro, quando escutava as romanzas ciganas nesses violinos apaixonados que falavam de amor junto ao feitiço dos címbalos. Os cantores, ciganos-magyares, falavam de moças loiras e de moços de altas botas. E eu os escutava enquanto me rodeavam ecos de velhas vidalas, ressonâncias de distantes estilos sureros da minha pátria, sombras de galopes, refrões, gritos, silêncios e pensares de meus gaúchos. Runa, allpacamaska!, “O homem é terra que anda”.

Por isso, pela lágrima nunca vertida, pelo suspiro nunca exalado, por essas razões vitais nascidas do sangue e do silêncio, buscava, ao meu regresso, a voz dos violões argentinos.

E sem nenhum esforço os achei!

Sim. Os encontrei por aí, onde a meia-noite portenha simula salamancas provincianas, para que cada qual arrime sua solidão ao fogo das coplas e da lembrança.

Benditos sejam, cantores da noite, que tão lindamente, tão cabalmente, adornaram a nostalgia que meu coração carregava há tanto tempo! Sim. Aí estavam os rapazes de minha terra, missionários de artes esquecidas.

"La Donosa", "La Belenista", "Viene Clareando", "Vidala del Culampajá", "Añoranzas", "La vidalita de Joaquín González", "De mis pagos", "La arunguita", "Tristeza de un santiagueño", "La Resentida", "La Telesita"...

Aí estava o conjunto musical "Llacta Sumaj"[182], cheio de verdade e de fervor, com Esteban Velárdez e Lorenzo Vergara à frente, com Arboz e Narváez, com Miguel Ángel Trejo. Piano, guitarra, requinto[183] e bombo. Sem protagonistas, sem homem em primeiro plano. Todos a serviço da canção nativa, da canção sagrada, singela, autêntica. Uns, de La Rioja. Outros, de Tucumán. Outros, portenhos. Mas a vidala era vidala com pureza e mensagem. E não podia ser de outra maneira, já que a todos eles assistia uma vocação e uma consciência, um respeitoso amor pelo folclore anônimo e pelos temas dos músicos crioulos, que nutriam seu repertório.

Escutar "Llacta-Sumac" era assistir ao desfile de antigas coplas caminhadas, decantadas pelo tempo e o caminho. A cada dança, seu ritmo. A cada canção, seu exato sentido. A alma da terra está sempre presente, para a apreciação dos públicos novos, para o gozo do público

---

[182] Ver glossário.

[183] Instrumento semelhante ao violão, de menor tamanho e mais agudo em seu registro.

em geral, para a emoção e a gratidão dos que, como eu, se chegavam, ansiando por uma verdade singela e elevada. Benditos sejam, moços de minha terra! Nunca poderei expressar-lhes de todo o que meu coração recebeu desses violões, desse dizer vibrante e entoado, desse respeito pela herança lírica, único tesouro inestimável que jamais envilece os povos que o amam, o cuidam e o dão.

Sim. Eu encontrei na noite o violão ansiado.

Estavam ali as violas, apertadas contra o coração do duo Benítez-Pacheco, um riojano, outro catamarquenho, e os dois, tradutores da pena e da graça contidas no Canto nacional. O jovem Peralta Luna, fiel à sua timidez mal controlada, mal bordava os céus da zamba. E seu adorno era justo, porque lhe caminhavam nas veias os ditames de seus avós shalacos[184], e o faziam ordenados em seu grato discurso de pianista crioulo. E veraz, porque ainda que amasse os ritmos da América, nunca teve a tentação de ofender a vidala com um acorde que não lhe correspondesse como paisagem, como luz provinciana, como cor de querência. Jamais tocou zambas "a la Nova Iorque" e menos ainda lhe ocorreu mesclar no ritmo os acentos dos valsesitos[185] peruanos.

Sim. Encontrei os violões, vibrando em mãos de Martínez-Ledesma, um tucumano, outro santiaguenho. Ainda que mais preparados para o "novo", respeitam o

---

[184] Ver glossário.

[185] Ritmo popular no Peru, forma folclórica da valsa no país.

eterno. E ouvindo em boca deles uma chacarera, eu evocava aquela terra de areias quentes e noites abertas, de Sumamao, de Silípica, de Cansinos, onde o falar das gentes já é música, onde correm os guris para San Esteban, onde nas festas se penduram rosquinhas que pendem das ramas dos espinilhos,e as moças riem com candor, enquanto à sombra dos algarrobos os musiqueiros acendem as forjas da feitiçaria e começam a brotar as "truncas"[186], os marotes[187], os escondidos, os "musha"[188]. E o bombo alcança ressonâncias rituais, e as reverberações dançam perto dos quiscaloros e dos ucles, enquanto os santiagueñhos se entregam à dança, esquecendo toda a pobreza, todo desamparo, toda distância...

Sim... Estavam os violões preparados para o Canto da terra. Estavam estremecidos de chayas e de coplas, compassadas, sérias, em mãos dos Peralta-Dávila, guris daquele Chilecito de claras ruas aprazíveis, entre vinhas milagreiras e sóis firmes. Violões que traziam o ar enobrecido de Samay-Huasi, com seus álamos, seu canal, seus salsos, o sendeiro das sete pedras por onde vaga a sombra pensativa de Joaquín V. González.

Eu os escutava, agradecido pelas lembranças que traziam a meu coração, e evocava minha passagem por Tinogasta, por Pomán, Londres, Belén. Via a majestade do Famatina, o caminho à Mejicana, recordava os ventos desatados de suas mesetas, as paisagens estendidas ao

---

[186] Ver glossário.

[187] Antiga dança folclórica.

[188] Ver glossário.

longe, o deserto, a sucessão de cumes ao oeste. E o calor mais abaixo, e a areia avermelhada de Vichigasta, e o leque de caminhos em Patquía, e a paz de Los Llanos, jarilla, breas[189] e chañares em um pampa boscarejo de mistério e de história aquietada.

Agora, ao recordar nestes dias o tempo passado, apesar de não terem transcorrido muitos anos, assalta-me um pensamento que me deixa confuso e cheio de preocupações.

Penso na gente viajante. Penso nos homens que partem do país por algum tempo. Penso nos argentinos que se ausentam por dois anos ou mais.

E me pergunto: quando retornarem, acharão os violões tradutores da verdade nacional, o acento paisano, a voz da região recordada...?

Quando retornarem, estarão os cantores preparados com verdade folclórica, respeito pela alma da terra, para cantar as coplas provincianas com autenticidade? Temo, desde já, não por mim, mas pela moçada viajante, à qual, talvez, ao regresso, os violões não mostrem a verdadeira fisionomia do espírito nativo, e a confundam e a enganem, ainda que sem querer.

Temo que se tenha que limpar muita selva de "inovações", que carpir muito mato inútil para achar a margarida que Deus pôs sobre o campo para graça da paisagem, pequenina verdade, luz, aroma e cor sobre a terra. Quiçá tom primeiro da mais terna copla que o Vento da lenda semeou sobre nossa Pátria...

---

[189] Arbusto resinoso de regiões secas.

XXV

BENICIO DÍAZ

Toda a terra santiaguenha é um riquíssimo sítio quéchua. Os velhos povos levantaram seus casarios ao longo do Salado, entre os bosques, sob sóis ardentes, com escuros canais cujas águas os nativos "clareavam" com penca de tuna.

Depois chegou o trem. As vias se estenderam ao longo do rio Dulce, e prosperaram novas povoações crioulas, enquanto empobreciam as velhas aldeias indígenas do Salado. Para piorar, esse rio, entre areais implacáveis, desapareceu por léguas, e só de quando em quando brota seu espelho entre os matos e barrancos sedentos. Lá, perto da água cobiçada, as mulheres instalam suas choças enquanto os homens combatem na selva com os imensos quebrachais ou caminham até o Tucumán dos engenhos açucareiros.

A região "shalaca", como chamam a zona do Salado, é a área indigenista mais antiga e importante da província. Ali se encontraram os irmãos Wagner. Ali nasceram as melhores vidalas, alabanzas[190], chacareras, de síncope indígena. Ali surgiram para a vida folclórica os mais destros bailarinos, as melhores tecedoras e rendeiras, os mais afamados "arrumadores"de ossos quebrados e os magos da medicina quíchua. Ali passaram sua vida, entre o assombro respeitoso e supersticioso das gentes, os "domadores de tormentas" mais famosos do Salado. Esses estranhos personagens apareciam quando o tempo estava nublado e ofereciam seus serviços a quem tinha uma pequena horta ou aradura nova. Cobravam adiantado um par de pesos e faziam noite no meio da plantação; e amanheciam, depois da tormenta, com as roupas sujas e o rosto descomposto e a melena em desordem. Haviam peleado "mano a mano" com a tormenta e a haviam vencido com sua magia particular. Claro que, quase sempre, aparecia alguma garrafa vazia entre os campos...

Quando o país começou a interessar-se pelos temas musicais de origem folclórica, todo santiaguenho amigo da harpa ou do violão viu a possibilidade de um caminho de prosperidade econômica e fama nacional. Produziu-se, ainda que não deliberadamente, uma sucessão de "compilações" que tinha cor de pirataria folclórica. E Santiago assistiu a um êxodo de artistas e "sa-

---

[190] Canto folclórico laudatório.

cha-músicos"[191]que se largaram rumo ao sul, a caminho de Buenos Aires.

Entre os que nunca sentiram desejo de abandonar seu pago – nem por fama nem por dinheiro – estava Benicio Díaz.

Esse moço, crioulo e quichuista, tinha em sua alma toda a cor, o drama, a alegria e o lirismo de sua terra "shalaca". Talvez não tenha havido em toda a província um tocador de chacareras tão artista e cabal como Díaz. Com seu irmão Julián, formou o duo de músicos populares de mais autenticidade. Benicio conhecia os segredos de cada compasso da dança. Salavina tinha seu canto, sua areia, sua luz. Atamiski tinha seu sol, sua travessura, seu sorriso. Loreto tinha sua empáfia, seu orgulho indígena, seu antigo castelhanismo. Silípica tinha seu silêncio e seus pencales. Sumamao ostentava sua paz de adobe claro e céu azul, onde no vinte e seis de dezembro a rapaziada fazia as tradicionais "corridas de índios"na festividade de Santo Estevão.

Todos esses detalhes, e mil outros, Benicio Díaz conhecia e incorporava ao tema de suas danças e suas vidalas. Aí estava o segredo que os outros "folcloristas" desconheciam: a arte de fazer música com rigor tradicional, com ritmo exato e acento melódico crioulo, e, ademais, com toda a cor, a linguagem, o ar e a paisagem da zona a que cada tema pertence. Não por brincadeira,

---

[191] Ver glossário.

disse uma vez Enríquez, citando Díaz: "Toca em quíchua". E era verdade. A voz de seu som era quíchua.

Inteligente e observador, Benicio Díaz preparava suas danças sem pressa. Polia, compasso por compasso, a chacarera ou a vidala. Buscava o tom adequado, o acento expressivo. E trabalhava sem drama nem ostentação. Era crioulo deveras.

Singelo e bondoso, nunca pôs preço em sua arte e nunca foi um profissional do folclore. Tampouco deixou-se enganar pelos senhoritos que amiúde reclamavam sua participação em uma festa. Sabia bem quem eram seus amigos e quem aparentava sê-lo.

Ficam dele muitas vidalas, chacareras, algumas zambas, alabanzas, escondidos, gatos, huellas[192].

Mais de trinta anos de andares e cantares formaram seu prestígio popular. Quase todos os nativistas santiaguenhos da última hora tomaram o modelo das chacareras de Díaz para suas composições de sucesso. É possível que o neguem, com o tempo. Sempre ocorre isso. Mas não poderão negar a influência que Días teve no ambiente santiaguenho durante anos. Aí está o povo para defender essa verdade.

Há muitos anos eu trocava com Benicio Díaz o tratamento de "irmão". Dele aprendi muitas coisas, coisas da paisagem santiaguenha e sua música. Viajamos

---

[192] Forma musical folclórica e dança correspondente, do pampa argentino.

muito pelos matos e salinas. Sóis queimantes nos viram andar por esses campos "shalacos", dando nosso canto à paisagem, sem fazer profissão.

Não foi só seu irmão Julián que ficou sem parceiro. A solidão também entrouem meu coração. E penso que a melhor maneira de honrar o artista e amigo morto é expressando com toda a verdade o espírito do homem e sua paisagem. Não hão de separar-se tuas danças do meu violão andarilho, irmão Benicio! E tua vidala "Andando" seguirá dizendo as coisas da tarde em tua terra de Salavina, nesses minutos da última luz, quando a brisa vem dos jumiais sedentos para escutar a copla:

"Conheço todos os pagos.
Os de ontem e os de hoje
andando...
E assim eu passo a vida
Sem saber nem onde vou,
andando...
Coração triste
penso em teu amor..."

XXVI
O COMPADRE CHOCOBAR

Felipe Chocobar é um índio sabedor de sendas e lonjuras. Há muito tempo se doutorou em vaqueanidade andina. Nasceu com todas as condições para ser um vaqueano e um rastreador desse complexo mundo de vales e quebradas, huaycos e "refaladeros"[193], pajonais e neves, cumes e abismos do infinito vale calchaqui.

Chocobar nasceu na comunidade indígena de Amaicha del Valle, na esquina mais longínqua do noroeste tucumano.

Amaicha, que quer dizer "Costa abaixo", era uma aldeia formada pela redução das famílias indígenas no século XVII. Naqueles tempos, os homens se chamavam Mamani, Chaile, Chocobar, Chauqui, Condori, Agualsol, Sarapura, Tolaba...

---

[193] Ver glossário.

Depois vieram Arces e Rodríguez, Maidanas e Suárez, e se criou um tipo de mestiçagem que afirmava o crioulismo da colônia.

Quando passei por Amaicha, começava o ano de 1932. Vinha da Ciénaga de losTerán, cruzando Tafídel Valle, Cara-Punco, Río Blanco, El Infiernillo...

Terras altas e bons pastos. Cavalhada flor, pashucos[194] peruanos repicadores do solo com força e com graça. Gaúchos tafinistos[195], mestiços, gente de pele branca curtida pelos sóis mas com o clássico perfil do indígena. O selo do condor em seu perfil, as pestanas grossas e o gesto prudente. Gentes que olhavam com infinita liberdade, com uma serenidade sem medos. Gente com muita confiança em seu braço, em seu flete, em suas esporas, em sua paisagem.

Cheguei a Amaicha com o coração carregado de bagualas. Ao longo da viagem, acompanhou-me esse grito que nunca despenca e que os tafinistos antigos chamavam o "Joi-joi". Porque, antes de lançar a copla ao ar, como forma de experimentar a voz, elevavam o grito dizendo: "Joi-joi". E assim, uma ou duas vezes. E ficou essa forma como selo, como estribilho ou refrão do velho cantar montanhês.

A baguala se desprendia da alta solidão do homem, corria na tarde resvalando nas mesetas onde a neve se

---

[194] Idem.

[195] De Tafí del Valle, Tucumán

amontoa nos penhascos, saltava sobre os huaycos e ganhava as ladeiras, para perder-se perseguida por todos os ecos que o canto despertava.

¡Joi... joi...
Dos cerros venho.
Ao vale me vou!"

A partir das encostas do Cara-Punco e do Infiernillo se estendia um longo caminho que serpenteava, em lento e teimoso descenso, até chegar, depois de percorridas léguas, a Amaicha del Valle. Ficavam, como paradouros do viajante, a pequena escola de El Cardonal, o parador de San Antonito e um estranho lugar chamado Tio-Punco, que quer dizer "Porta do Areal". E ao final, como em uma baixada, Amaicha del Valle, pequena aldeia, com rancherio esparramado ao longo do rio, com o nome de Los Sassos, Ampimpa Arriba e Ampimpa Abajo.

Ali nasceu Felipe Santiago Chocobar. Ali correram seus anos de guri, sob a vigilância afetiva de seu padrinho, o cacique Agapito Mamani.

Como todo guri índio, "bem advertido"[196], foi *marucho*[197]. Nas longas viagens dos homens com gado, com couros, com peças de caça, Chocobar era a pequena

---

[196] É termo que nessas regiões se utiliza para esperto, astuto – em geral corrompido para "alvertido".
[197] Ver glossário.

sombra que cuidava das mulas, da tropa, escolhia os rincões para o pastoreio, as aguadas.

Com o tempo, adquiriu a "vaqueanidade" e, ao chegar a homem, nem a montanha, nem o vale, nem o caminho tinham mistérios para ele.

Além disso, manteve sempre seu orgulho de indígena amaichenho. As andanças de seu ofício o levaram à Bolívia, ao Chile, através das punas, dos salitrais e das cordilheiras.

Em cada aldeia do caminho deixou uma cordial lembrança, uma amizade, um fogo aceso para meditar.

Por onde não terá andado esse Chocobar inquieto, coplero, amansador, viajante do longo caminho? Casou-se com uma paisana crioula, filha de don Manuel Arce, e se ajeitou entre os cumes de Raco.

Ali o achei uma tarde, há muitos anos, quando decidi viver um tempo nessas solidões. Chocobar me ajudou a levantar os esteiros de meu rancho, perto das nuvens, entre os cumes raquenhos, nos quais passei uma das etapas mais solitárias e belas de minha vida.

Muitas noites, estando em meu lugar, o Vento costumava trazer-me a voz do amaichenho, pendurando na sombra do caminho a copla preferida:

"Charanguito...[198]

---

198 De "charango", instrumento de cordas (geralmente dez, em cinco pares) andino, pequeno, da família dos alaúdes. Originalmente, era feito com a carapaça de um tipo de tatu.

Huácan[199] hermano..."

A melodia, conservando o modo clássico pentatônico, brincava com frases como desprendidas de algum antigo yaraví.

Outras vezes, a voz de Chocobar era baguala pura:

"Cafayate e Tolombón.
Bolo grande e enchedor..."
"China feia,
bagaceira..."

Isabel Aretz Thiele, quando percorreu os vales juntando melodias e coplas folclóricas, anotou cinco modos distintos de bagualas vallistas[200], todos ditados por Felipe Santiago Chocobar.

Esse homem, tão completo em seu ofício, costumava cantar acompanhando-se com a caixa, o velho tambor andino. Tinha em seu rancho até três tambores diferentes, cuidava muito deles e seu gosto era provar a sonoridade do instrumento, escutar o vibrato da *chirlera*[201] junto ao seu rosto e soltar seu Joi-joi com segura e fina voz.

Seu bom ânimo jamais o abandonava. Detrás de seu rosto índio, detrás de seus pequenos olhos renegridos, que o fazem ostentar uma máscara dramática, se es-

---

[199] Referente a choro, da raiz quéchua huacani, chorar. Associa o toque do charango ao pranto.

[200] Dos vales.

[201] Ver glossário.

conde um diabrete brincalhão, amigo da luz e da graça, da burla e do canto.

Depois de muitos anos vivendo em Raco, o amaichenho enviuvou. Seus filhos se foram por diversos caminhos. O homem se viu, de pronto, com quarenta anos no lombo, empobrecido e só.

Juntou seus poucos animais e os vendeu barato. E uma manhã encilhou seu zaino de cola comprida e partiu serra adentro, a caminho da Hoyada. Por essa senda começou a andar e depois de dois dias de penosa marcha chegou a Tafí del Valle.

Chocobar conhecia essa estrada. Cem vezes a andou. Montou a cavalo e olhou pela última vez o rancho que foi seu lar e que os ventos logo converteriam em tapera.

Destino das coisas! Seria tapera, essa casa de pobre. E estaria frente a frente com outra tapera, aquela que foi rincão de lirismo, de copla e sonho, cujos esteios o homem me ajudou a levantar, anos atrás. Tapera é, hoje, aquele rancho que tanto quis e que os tempos cobriram de pajonal, trepadeiras e olvidos, depois de tantas lutas bravas que sustentei e que se arremataram em uma zamba que me fere cada vez que a canto: "Adiós, Tucumán".

Felipe Santiago Chocobar voltou a seu pago de Amaicha del Valle. Voltou aos huaycos de Ampimpa, aos areais de sua infância. Por aí andará, talvez um tanto silencioso, pensando coisas daqueles tempos, dos velhos andares, das rezas no meio dos cumes, dos sóis desmaiados nos abismos do poente; das luas caminhadoras do céu calchaquí.

XXVII
O RIOJANO Z. Z.

"Passa o tempo...
Os anos se inscrevem na carne
da árvore que envelhece.
Só tu não passas, música imortal!"[202]
Romain Rolland

Esses riojanos, com sua longa fama de "pobres", têm uma riqueza folclórica para emprestar lendas e emprestar coplas a mais de uma presunçosa região.

O doutor Zacarías Agüero Vera, riojano profundo e escritor notável, costumava dizer: "alguém que não fosse tão ocioso poderia escrever dez livros sobre história e tradições abarcando só a região compreendida entre Mazán e Olta".

O autor de *Los ojos de Quiroga* tinha terceira dimensão e gastava sua riqueza de imagens em contos e lendas, poemas e vidalas. Era um verdadeiro deleite es-

[202] Tradução nossa.

cutá-lo naqueles anos imediatos a 1930, quando as pessoas ainda se reuniam para praticar um hábito que vinha de longe, com hierarquia de rito: conversar.

Que bem suportávamos nós, os jovens desse tempo, o ritmo bravo de Buenos Aires, a luta desparelha, a longa espera, o fogão escasso, a promessa descumprida, o engano inútil!

É que tínhamos o que Ortega chama de "janela aberta". E nossa janela estava orientada para a paisagem desses homens que nos recebiam, com generosidade e compreensão, em suas casas singelas, em seus pátios de bairro ou em suas salas repletas de livros e lembranças. Assim conhecemos alguns grupos de "seres pensantes", de homens com ideias e caminhos, maduros no pensamento e na cultura, que muito nos ajudavam só em deixar-nos em um canto, escutando-os em diálogos às vezes apaixonados sobre problemas do mundo e da vida.

Lugones, Burghi, Martín Gil, Gerchunoff, Saldías, Deodoro Roca, Julio González, Mantovani, Canal Feijóo, Coviello, Bravo e outros mais constituíam os pequenos cenáculos onde conjugavam o tempo do homem e do mundo. Recordo com clareza uma noite longa em discussões acerca de *La historia de San Michele*, sobre a personalidade de Axel Munthe, com um acordo final no qual não ficou bem colocada a humildade do autor de "Hermano perro"[203].

Tomavam um livro ou um autor e o analisavam em profundidade. Depois buscavam elementos nacionais parecidos e aí ardia Tróia. Outros penetravam, como levados pela mão, na "selva da filosofia", como gostava de dizer García Morente, e brilhavam em citações e tendências onde passavam em rigorosa revista Kant, Spinoza, Demócrito e Sócrates. Outras vezes as sessões tinham no banquinho Bach, Beethoven, César Frank, Debussy, Vivaldi e Monteverdi. E em memoráveis momentos costumavam fazer gala de sua agudeza frente ao pampa ou à nossa serra. E apareciam os detratores do gaúcho, os que intelectualizavam as condições do homem rural de antanho, e os simplistas, os que tomavam um tipo de homem tal qual era, sem deformá-lo nem idealiza-lo.

As visitas a essas salamancas culturais nos obrigavam a ler tudo o que caía em nossas mãos, a metodizar a leitura, a disciplinar-nos até onde fosse possível.

Claro que não aspirávamos a alcançar a altura de semelhantes colossos. Mas desejávamos entender seu pensamento, seu rumo, sua posição. Algumas vezes, Manuel Farías, ao sair dessas reuniões, me dizia: "Tenho a impressão de que essa gente torna raro o ar que respi-

---

[203] Até onde foi possível averiguar, Axel Munthe não escreveu um livro chamado "Hermano perro". Talvez Yupanqui se refira não a um livro, mas a algum apelido de Munthe, escritor conhecido por sua defesa dos direitos dos animais.

ramos...". Outra vez, comentou: "Muito bem, Confúcio. Mas fico com Lao-Tsé, filosoficamente perfeito".

Indubitavelmente, aprendíamos e avançávamos.

Aquele pampa em que nasci, apertado entre a lenda e o céu, começou a ter um sentido em minha vida, um destino, um objetivo. Decidi então uma posição frente à paisagem que amava. Nem primitivismo, nem espiral que me divorcie do singelo dizer. De passagem, cumpria com um imperativo de meu temperamento e com uma lei que se afincava em minha orfandade literária.

Eu aspirava traduzir as coisas da paisanada do sul e do norte, os sentires do homem campeiro, como se fosse ele quem me ditasse. Tudo aquilo que o homem tivesse querido cantar ou mencionar, mas sem tomar posição filosófica, nem política. Separar o homem de tudo o que não seja sua paisagem. Seguir, em suma, o bom conselho de Ricardo Rojas: "Que seja verdade o canto que nos comover, sempre que antes tenha emocionado os lenhadores, os humildes filhos da terra..."

Foi, pois, em uma dessas reuniões que topei com Zacarías Agüero Vera. E fomos amigos, com um sentido de terra que auspicia o gérmen. Durante horas o ouvia recordar sua Rioja, seus plainos de chañares, breales e algarrobos, seus arenosos caminhos por onde a história transitou com alvoroço de lança, espora e grito. As cenas de lida com o gado ocupavam o melhor de suas evocações. Era conhecedor, e, além disso, colocava fervor, sagrada luz, em seu discurso. Quando cheguei a La Rioja, anos depois, e percorri suas bíblicas paisagens, já tinha o conhecimento adiantado da maneira de ser de sua gente, graças a Fausto Burgos, a Adán Quiorga, a Dardo de la Veja, ao inesquecível Joaquín V. González e a esse riojano tão riojano, capaz de sorrir diante do olvido, que era Agüero Vera.

O recordei muitas vezes, observando as festas de dezembro, "El topamiento"[204] do Menino Alcaide com São Nicolás, "El Tincunacu"[205], cujos versos traduzi do quéchua, tempos depois, a pedido do Padre Juan Carlos Vera Vallejo.

Conheci muitos riojanos honoráveis, com muita paisagem dentro deles. Méis íntimos vertiam sobre as charlas desses provincianos em seu recordar o pago.

Há um causo singelo, uma fantasia que narram os paisanos: dizem que um bom homem, ao morrer, foi para o céu e o percorreu tendo como cicerone o melhor guia: Tata Deus.

O novo hóspede admirava lugares de encanto. De repente, observou dois homens de crioula estampa, estaqueados em um cepo primitivo, sem nenhum movimento. Vencendo o aperto, perguntou a Deus por que esses crioulos estavam submetidos ao cepo, que pecado haviam cometido.

---

[204] Festa religiosa de La Rioja.

[205] 'Encontro', em quéchua. Festa popular, com caráter religioso, que celebra um pacto de paz entre os espanhóis e os indígenas diaguitas, em 1593.

E Deus respondeu: "Nenhum pecado, meu filho. São as melhores almas do mundo! Acontece que são riojanos e, se os deixamos soltos, me escapam pra La Rioja...!"

Esse e outros causos certificam o profundo amor que o riojano sente por sua terra. Ainda que tenha que viver na pobreza, quase esquecido, prefere a luz do pago nativo, a sombra dos velhos algarrobos, frente às siestas longas e cálidas, como esperando que o crepúsculo lhe achegue um arremedo de brisa, à hora em que os duendes da planura começam a juntar os fiapos de uma vidala.

XXVIII

OS CONTRABANDISTAS

O velho Cata tinha sua filha casada que vivia na zona boliviana, a poucos quilômetros da fronteira saltenha. O homem, doente "dos fígados", mal podia com sua velhice e seus achaques. Mas montava a cavalo e diariamente cruzava "a linha" para visitar seus netos; almoçava com eles e pela tardinha voltava a seu rancho em território argentino. E sempre trazia embaixo das caronas um par de quilos de matambre e, de vez em quando, uma garrafa de "singani", a boa aguardente boliviana.

Assim corriam os dias e os meses. No inverno, don Cata passava muito mal. Vivia na zona dos bosques, além de Tartagal, no que denominam o Chaco saltenho. Os agostos soltavam seu bando de corvos sobre os matos úmidos. As crias pequenas não saíam dos currais e os ranchos enegreciam com a fumaça picante de lenhas verdes e molhadas.

Cata combatia a pobreza vendendo a metade de seu "churrasco"[206] a uns vizinhos tão pobres quanto ele. Total, uns pilas pra erva... Perto de seu rancho, o caminho vibrava constantemente com o vai e vem de caminhões e carretas no mato.

De vez em quando seu genro chegava, alta noite, para vê-lo. Parava o caminhão e cumprimentava o velho. Compartilhava com ele uns minutos e logo seguia viagem.

O moço era caminhoneiro dos Iglesias, e suas viagens eram misteriosas. Os Iglesias eram campeões no contrabando. Introduziam pneus, borracha, peles e madeiras em território argentino. Quando conseguiam bom preço, vendiam inclusive seus caminhões, e às vezes voltavam carregados de mercadoria que se cotizava alto em terra boliviana. Santa Cruz de la Sierra era a capital do mercado negro e lá reinavam os burladores do fisco.

Todos os ganhos ilícitos eram ouro que rodava pelas tabernas, entre orgias baratas e luxúria de prostíbulo. A *cholada*[207] bebia e dançava os bailecitos cruceños[208], mecapaqueñas[209] e cuecas do oriente. A cerveja era um caldo nesse trópico onde as paixões não tinham freio, e dos bacanais de arrabalde participavam os Iglesias, os

---

[206] Não tem o mesmo sentido que no Brasil. Trata-se de uma posta de carne de pouca espessura, assada rapidamente em grelha ou chapa.

[207] Conjunto de *cholos* e *cholas*, mestiços daquelas regiões.

[208] Danças típicas de Santa Cruz de la Sierra.

[209] Ver glossário.

rapazes caminhoneiros, as moças do *dancing* e os milicos da patrulha. Não importava o gasto. Entre risos, insultos, alguma garrafada e resmungos rítmicos passavam três dias de farra os industriais do contrabando com seus peões e serventes.

Era um segredo manjado a atividade dos Iglesias. Mas os rapazes estavam "acomodados". Tudo parecia legal, inocente, correto. Uma nota de mil é boa chave para a indignidade.

Para assegurar o "negócio", um dos irmãos Iglesias vivia quase todo o ano em Buenos Aires. Os mais luxuosos cabarés conheceram seu rosto de *cholo* arroxeado pelo álcool e a cocaína. Sempre tinha a seu lado uma boa moça alugada, pálida estrela da decadência moral do mundo. Quando fechavam o cabaré, o Iglesias "aportenhado" carregava sua moça e sua orquestra e se largava para os cafés noturnos onde se fazia música nativa. Era recebido como um grande senhor. Jogava cédulas e gritava ordens: "Toquem, cucarachas!...". Era sua maneira de pedir música. E os mocinhos tocavam mais e mais chacareras para adoçar as horas do imundo personagem.

Um dia pareceu que essas coisas chegavam ao seu fim. A repressão ao contrabando se organizou com severas normas. Em distintos lugares do litoral, entre os riachos e canais, e sobre as punas caladas, assobiaram as carabinas, se apreenderam bolsas, pacotes, couros, graxas, instrumentos diversos, e se prenderam contrabandistas. Mas os presos eram pobres: kollas contratados por dia e comandados por um capataz. Os capitalistas, os verdadeiros negociadores, seguiam a salvo. A apreensão do contrabando era coisa já calculada, que se registrava em perdas e ganhos.

Os Iglesias não entravam nessas dificuldades. Eram demasiado experientes e trabalhavam em negócios "grandes". É possível que tenham detido por um tempo o fluxo até ajustar as linhas da segurança fronteiriça e travar amizade comercial com novos personagens. Mas já coberta a trampa, seguiam comerciando como em chácara privada.

Uma noite as estrelas apareceram como sempre, ignorando que em breve haveriam de refletir-se em um pequeno charco de sangue crioulo.

Havia ordem de arrasar os contrabandistas. Trocadas as patrulhas, tinham ordens cruas.

O velho Cata havia cruzado como sempre a linha fronteiriça e brincava com seus netos, que lhe acariciavam a branca cabelama que usava como barba.

Nunca havia estado mais contente o kolla. Sentia renascerem os sucos da vida nesses guris descalços e mansos, que brincavam com carinho inocente com sua velhice enternecida.

Ao chegar a noitinha, encilhou seu zaino, guardou seus dois quilos de "tumba"[210] e sua garrafa de aguardente sobre as caronas, deu adeus aos seus e partiu: "Até amanhã, filhinhos". Os outros responderam: "Vai com Deus, tatita".

---

[210] Carne magra de má qualidade.

Don Cata inclinou o corpo e o zaino "agarrou" o tranquinho marchador. Cruzou as cercas do rancherio e se perdeu no caminho de areias avermelhadas que se estreitava, pouco a pouco, até se tornar uma senda sacrificada pelo abraço do mato.

Cruzou "a linha" pelo passo de sempre, a quinhentos metros do posto de vigilância. Fazia isso todos os dias. Os milicos de antes sabiam. Todos o conheciam. Suspeitavam que alguma coisinha trazia, o pobre velho, mas o deixavam no mais. Total, pouco seria para sua fome e sua velhice.

Quando acabou a senda, a poucos quilômetros, saiu ao caminho largo. Na sombra, alguém gritou "Ep...! Pare!!!!". O velho duvidou um momento e certamente pensou que não seria para ele essa ordem. E seguiu, no tranquito. Imediatamente se ouviu outro grito, um som metálico, e soou um tiro de Mauser que estremeceu os matos. Entre a ramagem se agitou um rumor de voo rápido de aves assustadas.

Quando um da patrulha chegou até o velho, ele estava tombado sobre um rastro, esvaindo-se. No pequeno charco de seu próprio sangue o velho via que uma estrela lhe dava piscadas.

Não havia o que fazer. O zaino ficou quieto, junto ao cadáver.

Outros milicos se aproximaram, e depois de revisar os arreios, descobriram dois quilos de carne e um frasco de aguardente. Tinham nesse material a melhor justificativa para seu crime.

Em seguida se ouviram toques de buzina. Puxaram o zaino para um lado e tiraram o defunto do caminho.

Minutos depois, passavam, pesadas e ruidosas, as caravanas de caminhões conduzindo mercadorias dos Iglesias...

XXIX
O TEMPO DA SEDE

Na zona do oeste riojano, ao longo dos vales interiores, por onde de vez em quando se atravessavam as tropas de vacuns rumo ao Chile, se mantém ainda uma sorte de usos e costumes muito antigos entre os povoadores dessas pré-cordilheiras de pedra áspera, escassa água e areia avermelhada, sob um céu sem nuvens.

Desde o Guandacol de Santa Clara até o legendário Vale de Vinchina e, ainda, até as solidões do Jahué dos diaguitas, estende-se a zona oeste de La Rioja, a muitas léguas de Chilecito, em direção aos Andes.

As aldeias se estendiam ao longo dessas setenta léguas. Aldeias quietas, de adobe e cal, largo pátio e palanque na frente, que gozaram de prosperidade durante o século passado[211], quando os pastos e alfafais de Villa

[211] Século XIX.

Unión, de Villa Castelli, de Los Palacios e Guandacol facilitavam o trânsito de gado para o Chile. Depois de uma seca que durou quase vinte anos, a população emigrou a Chilecito e à cidade de La Rioja; o gaúcho ficou "de a pé" e os fazendeiros chilenos de Coquimbo e Copiapó não tinham interesse em reses magras.

E ali ficaram os esteios das casas velhas, mudas como taperas, aguentando o pior dos silêncios: o silêncio com miséria. Ficaram os heroicos, os arraigados, os que lidavam com o coração das coisas tradicionais da zona, os que queriam morrer em seu pago. Ali, na costa pré-cordilheirana, há pequenos vinhedos muito afamados. Tal indústria não chega a servir para exportação aos grandes centros. A colheita é comercializada na zona e, no máximo, chega algo a Chilecito. No tempo das passas, as velhas e a gurizada sobem nos telhados ao entardecer, quando amaina o vento Zonda, para "tipiar"[212] uva, ou seja, para aventar a terra dos grãos de uva reluzente e acondicioná-la para poder vendê-la logo. Essa tarefa é realizada por pessoas leves, porque os telhados são de palha; e lá mulheres e meninos são leves por natureza e por desnutrição.

Entre os costumes mais tradicionais que se cultivaram até fins do século passado estava a vinda dos estancieiros e campesinos e gaúchos prósperos para o que denominavam "o tempo da sede".

---

[212] Ver glossário.

A peonada, as chininhas e a piazada faziam o grande rumor que prestigiava o vinhedo de um vizinho ou lhe decretavam uma chateação que durava um ano inteiro.

Quando ânforas, tonel e barris estavam repletos do bom vinho do lugar era o sinal de que havia chegado "o tempo da sede". Mas "o tempo da sede" era uma cerimônia báquica na qual participavam somente "os senhores" da zona. Essa tradição do tempo feudal mantinha-se nos campos montanhosos de La Rioja entre os cavalheiros que usufruíam dos "vinculados"[213] e herdades cuja origem remontava à cédula real ou entre campeiros que ostentavam um castelhanismo sem mácula indígena.

Os senhores recolhiam informes acerca da melhor produção de vinhos de qualidade e se dispunha a "baixar" às aldeias para uma data determinada.

Chegada a data, enviavam uma vanguarda de peões e "próprios" às propriedades da aldeia que tinham vinhedo, com o anúncio da "baixada". Os donos das bodegas caseiras preparavam hospedagem para cinquenta ou mais pessoas em amplos quartos e habilitavam os pátios para os banquetes íntimos, de estrita seleção, e para os bailes nativos que infalivelmente deviam acontecer.

Os serranos, por sua parte, vinham preparando "as ganas". Durante meses e meses bebiam só água e desenvolviam sua vida dentro de uma sobriedade de tipo ritual. É que estavam "amontoando sede".

---

[213] Ver glossário.

No dia marcado para "a baixada", toda a aldeia ganhava os costados do corredor por onde logo passariam os *vallistos* e cumbrenhos, ginetes em seus melhores cavalos e mulas andinas, ostentando prataria nos aperos e produzindo a algazarra de piás e grandes com a polirritmia das esporas choronas, única música que acompanhava essa procissão de sedentos senhores de longas barbas e luxuosos atavios gauchescos.

E a avançada de peões e mandaletes tinha apartado as vaquilhonas de melhor marca e peso para serem sacrificadas na quinzena. O que sobrava em carnes, pastéis[214] e vinhos se "esparramava" entre o pobrerio que assistia de fora o desenrolar da festa, atraído, mais do que pelas conversas, chistes ou duvidosos discursos dos vallistas, pela harmonia das canções e o queixume dos tambores cumbrenhos que tangiam os melancólicos tons da música do lugar. As trovas e toadas de coplas amorosas adoçavam a noite limpa dessa Rioja distante e punham a nota de pureza necessária à festa báquica, sensual e desenfreada, para que parecesse menos bárbara a cerimônia "do tempo da sede".

Parte do ritual era a ordem de não perturbar a alegria com assuntos de rivalidade e raiva. Dormia-se quando o luzeiro envergonhava com sua beleza todas as estrelas que fugiam na meia claridade da aurora.

---

[214] De uma maneira geral, os pastéis argentinos são doces. No entanto, em Santiago del Estero vimos chamar assim as empanadas fritas, aproximando-se muito do conceito brasileiro.

Era pelas manhãs, quando reinava o silêncio no casarão. Era nessas horas que uma multidão de mulheres e guris descalços com cestas, alforjes e caçarolas de cerâmica diaguita[215] aparecia pelo portão dos currais para receber "o que sobrou da noite". Assim, dia após dia, noite após noite, se desenrolava a parranda ritual dos cavaleiros serranos. Bebiam incontável quantidade de vinhos, desde o "assoleado" e o "posto em sombra" até o "pisado com pé de guri", o famoso "aguinha de Deus", como chamavam um vinhozinho branco de cara inocente e mais "coiceador do que mula sanjuanina".

O fato de que se rezasse antes e depois de comer não era incompatível com o jogo amoroso, nem com a formação de grupos para apoiar um movimento político naquela Rioja ainda convulsionada pela luta entre caudilhos, com abundantes e soluçadas invocações à pátria, que faziam mais de um paisano pobre murmurar: "Esses são como os bolicheiros: sempre falam muito do que querem vender...".

Concluída a cerimônia, os cavalheiros preparavam o regresso aos campos. Momentos antes, obsequiavam às meninas e chininhas dinheiro, alforjes e alguma peça de prata.

E partiam. Dessa vez, peões e "mandaletes" fechavam a caravana. Alguns ajudavam seus patrões, os

---

[215] Denominação quéchua para grupos de indígenas que habitavam o noroeste argentino e vales Calchaquis.

senhores em cuja cabeça ainda buliam as bolhas do refinado “aguinha de Deus”.

XXX
A DANÇA DA VIÚVA

Vão e vêm as comadres, fazendo cem vezes o mesmo caminho entre o pátio e o rancho, entre a árvore e o forno, entre o piquete e a ramada. As mulheres parecem formiguinhas. Uma leva uma fôrma; outra chega do meio do mato carregando lenha seca, outra está regando o pátio com os baldes que lhe alcança a encarregada do transporte entre o canal e o rancho.

Os homens estão nos campos, trabalhando; os homens estão nos bosques, derrubando árvores; os homens estão no povo – povoado nortenho, de uma só rua longa – comprando coisas, álcool, cigarros, e convidando determinados personagens, uns músicos, outros caudilhos políticos locais. Está mudando o vento. Os bosques, à meia tarde, têm uma melena inquieta, que é o gesto do mato quando fala com as nuvens para pedir a ajudinha de uma chuva. Mas agora o mato se acalmou. As nuvens, lerdas, cinzas, vão passando rumo ao leste e, de repente, mudam a direção e caminham para céus de mais abaixo.

Os inhanduvás cimbravam suas ramas menores, mas agora dormiram ao arrulhar dos primeiros pássaros de sono temporão.

Nos pencais opera-se o milagre da palavra e do voo com o caturritar dos papagaios que confundem seu verde palrar com o verde calado e arisco das primeiras tunas. Em alguma penca, na que bebeu por seus dardos a maior umidade da noite passada, está sangrando uma flor, agradecida do ar e da abelha.

Duas mulheres estão penteando e enfeitando a María Juana, a dona do rancho. Azeitaram com *sacha--unto*[216] a negríssima cabeleira que se derruba sobre as costas e se amplia conformando o nascimento das cadeiras da mulher.

Mãos tecedoras, mãos sábias em cor e nó, começam a trabalhar um par de tranças perfeitas, grossas até a metade, estilizadas e suspirantes na direção do final do cabelo, mas fortes e elásticas, graciosas e firmes como um látego.

Em um canto estão passando o vestido ritual de María Juana. O vestirá para o preciso momento da dança. Vermelho, intensamente vermelho, de breve decote, apertada cintura, largo voo de tipo campesino e longo até um pouco acima do tornozelo. Um estreito cinturão

---

216 Ver glossário.

do mesmo pano abraçará a cintura de vime. Com uma inhapa que sobrar se fará o lenço para o baile da mulher.

Enquanto isso, a tardinha começou sua travessura com as sombras. E a sombra é arisca. Grunhe seu escuro grunhido e, ao ouvi-lo, calam-se as pombas e se acendem as estrelas lá longe. E cada pomba leva ao ninho um pedaço desmaiado da tarde. E a sombra vence, e a noite vem, sem trinados nem voos, desnuda, aberta e larga, do fundo dos matos.

Retornam os homens ao pequeno rancherio. Chegam aqueles que foram ao povo. O vaga-lume de um candeeiro foi pendurado na rama baixa do algarrobo. A gurizada anda por aí, curioseando tudo, e é afugentada pelas velhas resmunguentas[217]: "te arranca daqui, guri!".

A María Juana não aparece ainda. Mostra seu gasto vestido preto, o hábito cingido de sua viuvez paisana.

Quando "ele" morreu, estendeu-se um grande silêncio por esse pátio que antes soube de alfavacas e de cantos. Comadres e vizinhos respeitaram o "luto forte" da viúva. Ela não compareceu, nos natais, às danças de outros lares. Os lenhadores sentiram sua falta durante o carnaval; e nas Telesitas, procissões do mato, a viram por aí, colocando suas velas ao pé das árvores, para a menina santa que morreu queimada. Em uma sombra, apagada em silêncios rituais.

---

[217] No original, "rasquinchas" (ver glossário).

Mas hoje completa um ano da viuvez bem guardada e a viúva já pode receber em seu rancho, oficialmente, a visita de vizinhos, paisanos e comadres, porque "vai sair da viuvez". Para isso trabalham todos, essa tarde. Para isso virão os músicos. Virá o violinista cego; vira o tocador de bombo indígena; virá o violeiro dos matos. Chegarão andando, a pé, a cavalo, de charrete.

Chegou a noite. Já não se vê nos pencais, e o caturritar dos papagaios é só uma lembrança dispersa. O candeeiro entrega sua vacilante luz, pintando sobre o pátio, em ouro sombrio, a cena da festa. Cadeiras de palha, humildes; cadeiras retovadas em courinho de cabra; troncos de árvore; restos de carretas desfeitas, constituem os oito ou dez assentos. Os demais andarão por aí, sob a árvore, atrás dos músicos, curioseando, calados, fazendo às vezes algum comentário em quéchua acrioulado em um sussurro que não entorpece o silêncio.

Começa a rodar a jarra de vinho caseiro. Doce e cálido, joga sua bruxaria o vinho nortenho. Como não abundam os copos, ninguém deve demorar-se em beber. Todos sabem disso, tradicionalmente. Então se apuram a beber até o final e devolvem o copo à comadre, que corre apressada para o interior do rancho e, em seguida, aparece com uma nova oferenda líquida.

Pouco depois, alguém se acerca dos músicos. Estes "igualam", afinam, combinam sobre o tempo e o matiz da música. Para experimentar-se, abrem com uma chacarera. O bombo, fundo queixume de terra antiga, não desata ainda toda sua força. Mede sua intensidade. É cedo.

O guitarreiro rasqueia seu violão docemente. Por momentos acompanha com a escala nos bordões o final de uma frase que o agrada. O violino chora, agudo, acre e tristonho. Violino de cego, toca sempre igual uma sorte de sons de grande ritmo, de justíssimo compasso, mas sem matizes nem cores. O violino tem os olhos fechados como seu dono.

Sucedem-se as danças. À chacarera segue um "remedio"; depois um "escondido". Bailam os pares. O pátio começa a animar-se e as palmas que acompanham os compassos finais despertam um rumor nas árvores e acicatam a sede dos homens. O tocador de bombo está se afirmando melhor; o guitarreiro se anima já a cantar o estribilho da dança. O festejam. É o oportuno pretexto do rápido brinde. Outros curiosos, das sombras, onde o candeeiro não chega a dominar, fumam e comentam em voz baixa. De repente saem as comadres do rancho, com gesto que reclama a atenção de todos. Os músicos calam. O silêncio é maior do que a noite. Até o candeeiro se mantém quieto em sua luzinha, de pé, como um sinal de admiração.

E aparece em seguida a María Juana, vestida de vermelho intenso. Só seus olhos amendoados e brilhantes e suas tranças magníficas são o matiz de sua figura, crisol de todos os sóis e todas as auroras de um ano de silêncio e sentinela.

Cumprimentam-na os homens e gabam sua beleza e graça. A viúva sorri, mesurada e gentil, com um sorriso um pouco assustado. Um sorriso que ela guardou um ano redondo para oferecê-lo aos homens apenas em sua festa de "saída". Apenas agora, há um ano da morte "dele", a viúva pode reincorporar-se à vida social do rancherio. Recém agora pode receber um galanteio e considerar uma proposta amorosa. Recém agora poderá soltar seus braços na dança, braços que só se abriram sobre a terra, no trabalho, e se fecharam sobre seu luto, na lembrança.

A voz de um dos músicos anuncia: "A zamba da viúva!"

É o momento da dança ritual. Ela deverá bailar a enfeitiçada zamba depois da qual ficará liberada de correntes, preconceitos e vigílias. Ela deverá escolher o paisano para formar o par na dança. Os homens estão quietos, expectantes. Os moços se aproximam do candeeiro para que ela os veja. Os outros permanecem na sombra do pátio.

Os músicos começaram os compassos da introdução da dança. É uma velha zamba nortenha, mas parece ouvida em primeira audição. É que agora tem um destino preciso.

A viúva olha um a um, a moços e paisanos. E se dirige decidida a um crioulo seu vizinho. Oferece-lhe o braço e os dois vão até o centro do pátio, lentamente, um pouco envergonhados, ainda que sorridentes.

Os espectadores exclamam diversas coisas, entusiasmados, e pedem álcool para regar sua alegria. E o álcool chega, queima a gruta das gargantas, e escapam dos peitos dos lenhadores endiabrados gritos nos quais o instinto disfarça seus gozos primitivos.

O par começa o baile. Ninguém olha para o homem. Todos olham para a viúva incendiada na noite. A sombra do algarrobo se derruba sobre as melenas dos músicos e nos olhos dos homens brotam candeeiros misteriosos e tenazes que perseguem a ronda vermelha da María Juana.

O violino chora o "ai" da zamba local. O bombo acrescentou sua queixa e agora imita um tropel de potros galopantes.

O guitarreiro fere, não com rasqueados, mas com golpes, o sonoro encordoamento de seu instrumento.

E a voz do cantor se põe rouca. Rouca de álcool, de noite, de intenção e de graça dramática.

Delgada e alta, a viúva dança sem olhar ninguém. Olha o chão sem vê-lo. Na realidade está presente o mistério de sua própria dança. Escrava da magia, sacerdotisa de um rito de luxúria espiritualizada pela canção dos campos, a María Juana sente que se está queimando com seu próprio incêndio. E lá, sobre o topo do braço moreno, flameja a chama vermelha de sua linguagem de esperança, no lenço que chama e responde, e suplica e xinga, e geme também nos mimos que a zamba dos bosques aconselha.

Quem obterá o amor de María Juana?

A quem preferirá a mulher acesa, tocha do amor brotada do silêncio?

Por instantes, cálidas ondas chegam até o pátio, do fundo dos campos. É o Zonda. É o vento do Norte que sacode, enervante. O vento que resseca as caronas, que endiabra os redemoinhos, que desorienta os pássaros, arrasta-se agora como querendo arrancar o homem e começar uma dramática luta de lenço e redemoinho entre a viúva e o Vento.

Mas não. O Vento se revolve no pátio e se vai rumo à noite, onde o mato começou a protestar com seco rumor, de fronde surpresa. E a viúva baila sua dança, livre de Vento e de lutos, livre de portas trancadas e de olhares baixos.

Baila a María Juana. Baila como um redemoinho incendiado, livre de custódias rituais e de freados impulsos.

Livre como a vermelha labareda de seu lenço que se agita na noite, na "sua" noite, enchendo os bosques de esperanças, promessas e desejos.

XXXI

SEM CAVALO E EM MONTIEL

Passei direto por Tala.
Deter-me ali para quê...
De pouco vale um paisano
Sem cavalo... e em Montiel.

Dizem os transumantes que os caminhos foram feitos para ir, nunca para voltar. Asseguram que todo retorno tem algo de fracasso. Talvez porque essa reflexão impressionou meu espírito há muito tempo, ou quiçá porque em minha antiga condição de caminhante eu tenha adjudicado à sentença uma hierarquia de suprema verdade, o caso é que, ao pisar solo entrerriano depois de trinta e três anos de ausência, não quis pensar que regressava, e sim que "ia a Entre Ríos" novamente.

Em pleno setembro, um vento do sul trazia ao litoral sua saudação de neves cordilheiranas, assustando a flor dos pessegueiros que subiam graciosamente as coxilhas entrerrianas, enfeitando a paisagem com promessas doces.

Chovia como nos velhos tempos, como naqueles invernos que amoleciam os cascos dos potros e endureciam o gesto dos homens.

Passavam os paisanos, ginetes em cavalos peludos de anca redonda; e o poncho era pilcha imóvel que aprendeu com a chuva a cingir-se ao corpo como um abraço de homem.

Deixei pra trás Altamirano.
Por Sauce Norte cruzei.
Barro negro e rastros fundos,
como os de antes mirei.

A sombra de meu cavalo
junto ao rio divisei.
Se enrolavam em minh'alma
as léguas que nele andei.

As cidades entrerrianas progrediram sem perder sua fisionomia de povoados campeiros, de vilas rodeadas de estâncias velhas, de matos ainda extensos apesar das grades derrubadas.

Os caminhos tendem a melhorar, em alguns trechos, pelo asfalto. Ou melhor, os caminhos que unem as principais cidades. Porque os outros estão, no mais, "como no meu tempo": terra, rastros, barro, valas, canhadas, um mato espinhento, um corticeiral sério e florido, um concerto de pássaros, arroios grandes e pequenos, bons pastos, um céu oveiro negro[218] que se torna rosado na esquina distante da tarde; camponeses em carretões – gringos já acrioulados – charretes e gente de a cavalo, bota lisa e espora curta, chapéu de aba larga, barbicacho de tentos; gente nervosa e cordial, um pouco fantasista e amante de ditos, com uma grande condição argentina e um profundo amor à sua província.

Sem canto passava o rio.
Para quê o havia de ter?
Largo caminho de fuga,
calado tinha que ser.

Assim, com olhar moço
de outros tempos, contemplei,
sobre um mangrulho de talas,
o palmeiral de Montiel.

A lenda do Vento cruzou por esses matos, vadeou esses rios, enredou nos espinhos dos talas velhas histórias, saborosos contos, trovas, vidalitas e milongas paisanas.

Os violões travesseiam em floreios que recordam o modo de tocar dos orientais.

É que são homens mateiros os violeiros. E o mato determina leis, pensares e sentires. O mato se traduz no homem: precavido e capaz. Florido e enredado. Aberto

---

[218] Associa o céu à pelagem do cavalo irregularmente manchado de negro sobre branco.

à esperança junto à janela de uma moça estimada e rastreador de puma nas macegas.

Os homens guitarreiros do presente, em Entre Ríos, talvez não percebam isso. Alguma vez será. E então a tropilha de coplas que transita por essas coxilhas onde a história ainda tem seu corpo quente será exemplo de gauchismo e paisanada, ainda que não fale de guerrilhas nem lançaços, ainda que não ostente o rebenque já gasto do machismo, ainda que não mencione galopes e atropeladas, nem adagas, nem degolas.

De lembranças e caminhos
um horizonte abarquei.
Longe buscavam meus olhos
o rastro do ontem apreender.

Climaco Acosta está morto.
Cipriano Vila, também.
Dois esteios entrerrianos
de amizade sem revés.

Sobre cada corticeira há um violão aceso na espera. Busca no ar as mãos que desatem os cipós que o cingem, para dar-se a seu dono, liberado e vibrante.

O violão entrerriano tem uma grande missão: dar a paisagem.

Dá-la com um amor sem demagogia. As quatro estações do ano acusam-se na natureza, definitivamente.

Também as vive o homem, o coração do homem. O violão é vaqueano nesses rumos. Só espera que o homem o compreenda, e se compreenda.

O entrerriano é chegado à pesca. Como não seria, com os rios que tem!

Sabe de praia, barranca, redemoinho, espinhel, canoa e virações. Durante anos esquadrinhou a jararaca escondida no adeus do aguapé.

Tem então, entesourada e grata, a virtuosa paciência.

A paisagem o espera. A paisagem de sua terra enfeitiçada e a outra: seu mundo, seu "porquê". Prepare seu espinhel de desvelo e ternura e ponha-o bem longe, peito adentro, onde moram o artista e sua consciência. E todos aplaudiremos o "pescador" desse litoral maravilhoso.

Na ribeira montielera
eu tive um rancho uma vez.
O derrubou o olvido?
Será tapera...? Não sei...

Por isso passei direto.
Deter-me ali, para quê...
De pouco vale um paisano
sem cavalo e em Montiel...!

XXXII
HISTÓRIA DE TESOUROS

Ainda perdura no norte de nosso país – ainda que com menos fervor – um velho empenho provinciano: a procura de “tapados”[219], de vasos cheios de joias, moedas antigas, patacões e luíses, arcas de couro, peles de leão ou jaguar cheias de riquezas, de pepitas de ouro, de dinheiros ocultos em tempos da colônia e desde muito antes, quando do famoso resgate do Inca Atahualpa.

A cada tanto se organizavam as buscas nas grutas andinas, nas lagunas, nas baixadas, nas largas paredes dos sítios, nos pedregais cuja formação fazia suspeitar de coincidências com não sei que mapas que talvez jamais tenham existido.

---

[219] Esse mito é recorrente no Rio Grande do Sul, associado a dinheiro enterrado após venda de tropas ou escondido por sacerdotes das Missões. Chamam-se comumente “enterros”.

Eram feitos planos, investigações no campo arqueológico, o estudo de tambos, antigais, cemitérios índios etc. Aprofundar o sentido de algumas lendas levava tempo, mas sempre havia lâmpadas que se apagavam muito tarde e, ao seu redor, jovens e homens maduros planejando a aventura de buscar o tesouro escondido, o "tapado".

Horas, semanas, meses passavam enquanto se estudava passo a passo a história, os deslocamentos dos godos[220], os êxodos das populações crioulas, os fatos de destaque, os acontecimentos misteriosos, as deserções, o movimento dos antigos chasques, a récua de mulas, a tropa de lhamas cargueiras, os caminhos do atalho, enfim, tudo o que pudesse ser uma pista, um dado, um detalhe para começar a tarefa de revirar cerros, pedregais, pucarás, taipas, paredes de adobe, quinchas e telhados.

Muitas vezes os buscadores do "tapado" renovavam seus brios ao achar por aí uma moeda antiga, algum velho punhal oxidado. Nossos escritores, contistas e narradores do campo argentino se ocuparam de historiar aspectos da aventura de tesouros. E hemos de recordar algumas que se mantém na memória dos velhos provincianos de Salta, Tucumán, Catamarca e Jujuy.

Eu mesmo, em anos moços, formei parte de alguns grupos buscadores de enterrados nas montanhas jujenhas e tucumanas, e também na porta dos vales

---

[220] Forma pejorativa como se chamavam os espanhóis nas guerras de independência.

calchaquís, atrás de Los Laureles, de El Candado, nessas luminosas ladeiras saltenhas, em tempos em que a vida cabia em uma copla bagualera e o calendário não tinha valor; tempos em que um bom recital de violão se cotava a cinquenta pesos e era bastante fazer um por mês, já que os demais concertos se davam gratuitamente, para benefício de bibliotecas locais, de pequenos clubes ou de paisanos empobrecidos. Para mim, pessoalmente, dava de sobra um concerto por mês, pois eu tinha caminhos, paisagens, gaúchos, um par de mulas, um colorado pedidor de rédea e um indomável vigor para cavalgar por esses vales, por dias ou semanas, aprendendo cantares, respirando um ar antigo e gratíssimo, dormindo junto aos currais ou sob o amparo das ramadas kollas, vestindo somente a singela e nobre roupa do paisano do norte, portando – como um caracol sem bússola – a cama em meu apero, as armas no violão e a quena, e um anelo profundo no coração: aprofundar-me na América, para encontrar a mim mesmo.

"Luas me viram por esses cerros
e nas planuras anoitecidas,
buscando a alma de tua paisagem
para cantar-te, terra querida..."

Assim, anos atrás, em um abril jujenho, remontávamos as encostas de Yala para instalar-nos na laguna do poente, diante de uma misteriosa paisagem solitária onde as manhãs se emponcham de brumas e o rio crava seus dardos na pele dos viajantes.

Lá embaixo, o rio de Yala serpenteava entre as rochas, custodiando em sua gelada espuma a fuga das trutas.

Trutas! Esse foi o único tesouro que achamos nos dias – e noites – que passamos buscando o tesouro fabuloso do resgate do Inca.

Nas horas de repouso, rodeando um fogo que ostentava mais fumaça do que lume, nossas charlas estavam orientadas para outras experiências, algumas sérias, outras jocosas, e todas referentes à busca de tapados.

Fazia poucos meses que eu havia revirado algumas grutas perto da Quebrada del Toro. Contava a meus amigos detalhes de minha aventura. Recordo que foi no ano de 1934, e que ao regresso desse *raid* topei em Campo Quijano com um velho gaúcho saltenho a quem havia conhecido tempos atrás, perto de Metán. Era o paisano Montoya, caminhante, tropeiro e bom compositor de cavalos[221], amigo dos pingos e do caminho longo. Por coincidência, Montoya mostrou-me nessa ocasião a imagem de um santinho que havia achado nessa zona enquanto arrancava tocos na picada de um mato. Era um San Isidro "ñato"[222], com o nariz quebrado, ao qual também faltava uma mão. Mas mantinha, apesar da terra aderida e o longo tempo sepultado, formosas cores de singular firmeza.

---

[221] No original, "chalán" (ver glossário).

[222] De nariz chato.

Montoya me descreveu com detalhes a zona do achado e ficamos de voltar ao lugar um tempo depois. Mas nunca regressamos para seguir cavando. Às vezes, em anos posteriores, nos encontrávamos em Salta, ou em Río Piedras, e até em algum desfile em Buenos Aires motivado por festas patrióticas, e evocávamos aqueles dias do santinho misterioso.

Mais de uma vez sentimos a agressividade osca dos mestiços e kollas da montanha, inimizados com os buscadores de tesouros.

Quando chovia forte no alto, cresciam os rios perigosamente, rompiam os pontilhões e levavam alguma rês rio abaixo, barriga pra cima.

E os kollas murmuravam: "tudo por causa desses *abajeños* rebuscadores de cerros".

Mas a gente inquieta por esses assuntos sempre se empolgava por alguma boa notícia.

Certa vez, um bom vizinho de uma vila nortenha levou sua poltrona à pequena varanda da casa.

Fazia isso todas as tardes, em tempo de verão. Era um homem ancião e pobre. O teto da estreita varanda era de taquarinhas ajuntadas, ninhal de barbeiros e morcegos.

O homem sempre olhava as canas caiadas e via uma espécie de "bicho do cesto" grudado, que às vezes oscilava um tanto, como embalando-se ao ar da tarde.

Um dia, por estranho incômodo ou sem razão válida, levantou-se e tentou arrancá-lo. Estava firme. Então deu um tirão forte. E quase desabou o teto de canas! Era um velho couro de jaguatirica, cheio de moedas de prata, e o que aparecia era a pontinha da cola. Dizem que o homem "saiu de pobre"[223] e, ademais, entrou na lenda. Porque a imaginação popular aumenta sempre a fortuna dos afortunados, como também aumenta os pecados de um pecador.

Entre os causos de tesouros e buscadores é famoso no norte esse "assucedido": um provinciano alugou um velho sítio em uma vila e, quando sua família saía, aproveitava pra "tentear" nos muros, batendo com um pequeno martelo. Certo dia notou um som diferente em uma das paredes e fez um pequeno sinal com um lápis. E assim, sem dormir, obcecado, esperou o domingo.

Por que o domingo? Porque nesse dia enviou toda a família à missa. Quando estava só, começou a cavar no sinal na parede grossa, de antigo adobe colonial. Juntava toda a terra e caliça em um grande saco, com o fim de não deixar rastros de sua aventura.

Cavou e cavou, febrilmente, até fazer um respeitável buraco pelo qual pôde, por fim, introduzir um braço.

O tesouro! E o homem começou a extrair conchas de prata antiga, facas com iniciais de ouro, garfos de duzentos gramas de peso, de prata pura, e alguma estatueta rara.

Quando não houve mais o que descobrir, cobriu o buraco como pôde e pendurou um calendário em cima para dissimular o caso.

---

[223] Melhorou de vida.

Quando sua gente regressou da missa, o homenzinho tinha tudo oculto, e apesar de sua enorme alegria, nada disse.

Acontece que "Deus não quer coisas porcas", como diz o ditado.

No dia seguinte apareceu a polícia e carregou o buscador de tesouros e as peças de prata achadas depois de tão paciente labor.

Tinha "atravessado"!

Sim. Havia roubado quase toda a prataria de um vizinho...

XXXIII

O MINEIRO

Há muito tempo, talvez trinta anos, conheci o mineiro. Procurava ouro cordilheira acima. Sua tenacidade era tão grande como seu desamparo. Buscava ouro mas temia encontrá-lo. Um dia me disse: “Sei que nasci ‘buscador’. Mas nada mais do que ‘buscador’. Se meu sonho, meu destino é procurar, seguirei minha estrela, lá onde acabam os caminhos. Mas sei que nunca desfrutarei do ouro. Porque será como vender meu sonho por um punhado de ouro. E por razões que não sei explicar, eu não poderia viver sem esse sonho...”.

Há um tempo tornamos a nos encontrar, no noroeste. Estava pobre, com uma limpa pobreza. E a dignidade seguia sendo a melhor luz de seus olhos.

Tinha seu amor, sua mulher, que chamava por um apelido estranho e encantador: Nácar.

Durante duas noites conversamos longamente. Ou melhor, o escutei enquanto evocava tempos de luta, de solidão, de dramas e esperanças, coisas vividas e choradas e vencidas, em uma paisagem de cumes e sendeiros, de abismos e de céus, onde sucumbe tudo que é débil, onde triunfa e permanece só aquilo que é força e é verdade.

A terra que se dá em estanho, cobre, prata e ouro não tem bosques nem ervas. É páramo desolado, pedra maldita onde a neve é sempre o rosto idealizado da morte.

O homem busca com afã o ouro. Rompe a pedra; doma léguas; livra combates com a neve e a altura.

Sonha. Sonha extraordinariamente. E cava nos penhascais, criando seu socavão de esperança.

E quase sempre está cavando a própria tumba.

A montanha se defende. Tem ventos e escarchas. Tem névoas que apagam todas as sendas, menos as do anelo recôndito do homem. O homem só tem sua picareta. Antes de estender-se a morrer um pouco seu sonho de ser humano cansado, afia em forja tosca sua ferramenta, a tempera, a envolve em sua casaca como a uma huahua[224] heroica. E adormece para sonhar sonhos menos belos do que os que sonha com os olhos abertos, em perene vigília, como o condor.

Às vezes, a lua, aberta navalha sobre um pano azul, corta o ar de um talho. E um pedaço de copla cai sobre o sonho do mineiro. Forte álcool. Comida picante.

---

[224] Ver glossário.

Tabaco negro. Coisas fracas diante da vida do mineiro. Ama a fêmea mordendo-a. A fêmea, a china, é a culpa simbólica do cume.

Na rinha é um puma. É o vento e a névoa, o rio crescido e a neve em redemoinho.

O mineiro não anseia aproveitar o ouro. Sua ventura é descobri-lo. A amostra que brilha em sua mão vale todo o palácio dos que têm ouro sem tê-lo sonhado, nem buscado, nem sofrido.

Há domadores bravos que nunca tiveram um cavalo seu. O mineiro é assim, doma o mistério e fica adormecido sobre seu potro de pedra solitária. Adormecido ou morto; ao final, as duas esquinas mais exatas do sonho.

Às vezes uma moça espera, vale abaixo, no povo. Exibe como um adorno sua condição de fêmea do mineiro. É a mulher do homem. O sente e se orgulha.

Mas dança em bordéis, e se requebra, e se dá, como a areia solta nas manhãs de vento. De uma chuspa de pescoço de guanaco tira um par de "pepitas". E daí vem seus sapatos barulhentos, seu laço multicor, sua saia floreada e a garrafa de bebida para o amante, e o disco ignóbil que musicaliza a espera sem espera.

E lá em cima, queimado de vento e sóis implacáveis, o mineiro. Só; porque até seu sonho o deixou, para ir-se de seus olhos, ao longo da cordilheira. Buscando. Sempre buscando! E às vezes, enganando um pouco a si mesmo, pensa que está perto do veio. Precisa jogar com essa ilusão para que seus olhos descansem. Porque sempre que pensa que "chegou", chora um pouco. E isso lhe faz muito bem. O mineiro sabe que tem um inimigo importante. Esse inimigo é outro mineiro. Nessa luta rancorosa, tenaz, sem trégua, vence aquele que tem maior *capacidade de silêncio e de solidão.*

"Ninguém mencione seu rio nem sua rocha", é a norma.

O mineiro é loquaz só quando borracho. Mas à pergunta mais leve, crava os olhos na testa do outro e lê profundamente, letra por letra, a intenção do saque. Então mostra sua mão direita, toda sulcos e calos e alguma ferida antiga. E fala com voz tirada em anos de gruta e socavão:

"Aqui, em minha mão, está o mapa do que busco e o que acho. Aprende!". E se aferra à garganta do outro, apertando, apertando. Só o punhal defende dessa garra. Ou os demais, que, solidários com o agressor, castigam em silêncio ao que se atreveu a perguntar a um mineiro "onde trabalha, em que rio, em que rocha".

A neve tem forma de mulher.

Há noites bravas. Noites de lua cheia em que a cordilheira desata seus fantasmas, veste seus duendes e seca a garganta dos mineiros.

E o homem tem sede e bebe neve. Olha longe e sente que a neve é seio, cintura e boca.

O mineiro forte masca tabaco, pensa. Depois, cospe e cobre a cabeça com seu ponchinho de lhama ou de guanaco.

Fedor de animal macho o conforta e o leva a outros sonhos que o salvam, que o recuperam. Volta a ser ele.

O mineiro jovem sucumbe à miragem. Busca sedento a mulher de neve.

Algo viu, algo sentiu; uma palavra no ar, uma canção na lua; uma senda de flores entre pedras geladas. E, pela manhã, os condores revoando sobre as furnas traçam as palavras do último salmo bárbaro sobre o cadáver de um rapaz mineiro que não soube esperar, que não pôde resistir ao fatal encantamento da lua nos cumes.

Montanha que me rendes.
Rende-te tu!
Mão forte e vida triste.
Sou mineiro!
É doído meu pão!
Brilha a pedra e a chama,
enquanto eu me apago...

Em algum bolicho, rincão entre as rochas com tábuas de *cardón*, o mineiro costuma romper seu silêncio com a copla da "llactara"[225], a baguala ritual dos buscadores.

Se tem "caixa", bate na lonca pausadamente. Ou com os nós dos dedos sobre a única mesa para onde converge o silêncio de todos os angustiados pela pedra que brilha e se esconde. Passa o vento e rouba a canção. E o mineiro a segue cantando, para dentro. A copla se dessangra como um sonho. O sonho é o amargo metal dos homens que cavam em seu próprio coração.

---

[225] Ver glossário.

XXXIV

OS BANDOLEIROS

Nas cordilheiras andam os homens. Uns, mineiros. Outros, caçadores de vicunhas. Outros, de chinchilas. Os Andes são o lugar das apreciadas chinchilas. Um exemplar vivo de chinchila branquíssima vale de 4.000 a 6.000 pesos. Se é fêmea, vale 8.000 pesos. Descobrir um ninhal de chinchilas (que tem tocas com três e até cinco bocas de saída, a cem metros uma da outra) é ter um capital. Há mineiros que se convertem em *chinchilleros*. Mas esses não são "o mineiro". É a aventura de "peitar" a montanha para sair da pobreza. Não é "o sonho". O mineiro deixa de sê-lo quando troca seu sonho por ouro.

Atacama. Campo-Paciencia. Pasto Seco. Coranzulí. Laguna Brava. El Veladero... Nomes que o mineiro pronunciou só para sua força. Nomes "de dentro". Nomes de pagos e regiões de mineração, às vezes organizada, com galpões e alambrados e "sentinelas do cerro"; e, às vezes, alturas dos homens sós, dos ariscos, dos desvelados buscadores.

Há mineiros que não recordam o nome de seus irmãos; mas sim os sagrados nomes dessas diferentes solidões andinas.

Quando há tormentas de neve, bravas, as empresas de mineração não sofrem. Os galpões, as vendas, têm reserva de alimentos, bebidas, tabaco, munição. O solitário sofre. Só tem seu alforje ou um saco com víveres para dez dias. Depois, e sempre, a coca, o jejum, o frio nos ossos, o olhar o nada.

Há bandoleiros na cordilheira. Salteadores (chilenos, atacamenhos, bolivianos, argentinos. Algum gringo também). O mineiro costuma temê-los, mas os enfrenta. A carabina encurta os caminhos. Há manhãs em que o sol lambe um rastro de sangue como uma flor vermelha na neve. Um dia chegaram três ginetes ao bolicho de "Mulas Muertas". Bolicho, um rancho entre as pedras de um barranco, a cinco dias de Vinchina, bem no limite de La Rioja com o Chile.

Na casa, o bolicheiro, sua mulher... E um mineiro comendo sopa com charque de guanaco.

O revólver fez maior o silêncio, apontando o peito. Eram os bandoleiros. Encourados. Botas altas. Mantas no pescoço e chapéus largos. Três sombras. Só os olhos brilhavam mais do que as armas. Tiraram o dinheiro do bolicheiro. O da caixa e o das latas escondidas perto do fogão, na cozinha.

Dois bandoleiros revistaram o mineiro: um pouco de tabaco, um punhal, uma chuspa com seis pepitas de ouro. Fora isso, remendo e pele heroica.

O "chefe", pequeno e seguro, observa à distância. Quando lhe alcançaram as "pepitas", brincou com elas em sua mão de luva grossa. Amornou o ouro e disse:

— Buscador, não?... Guarda essas e segue procurando.

Aproximou-se do mineiro e sobre a miserável tábua da mesa pôs o punhado de pepitas. E disse mais:

— Bobo; como foi o meu pai! E um dia os condores o devoraram. Mas antes o haviam devorado os bolicheiros!

Era o entardecer. Trancaram o casal na cozinha. Os bandoleiros e o mineiro se instalaram no "armazém". (Garrafas de vinho e álcool. Latas de pólvora. Alguma medicina. Couros, couros, couros, vicunha, guanaco, vizcacha, lhama, ovelha.) Comeram charque e beberam algo.

O chefe afrouxou o cinto com balas. Tirou o chapéu e a melena escura se esparramou pelos ombros. E mudou!

Era uma mulher.

Era uma chilena que cansou da fome depois de ser carne da aventura na aldeia. E se foi com um. E depois com outro. E encarou as alturas. E se encontrou um dia com um homem baleado a seus pés e o revólver fumegante que lhe queimava a mão. E depois, o caminho.

E "o Bravo": o limite. E na cintura, seu melhor adorno: um revólver com empunhadura de nácar.

E como nunca disse seu nome a ninguém, os outros bandoleiros inventaram um que lhes pareceu bom: Nácar...

Nácar! Este é o nome. O único nome. O mineiro também tem que chamá-la assim: Nácar.

Nome que tem raiz desse sonho bárbaro que sonham os mineiros. Nome mineral. Quartzo sublimado pela lua, e a alga, e o sal. Iodo morto sobre um mar transformado em cordilheira. Nácar, nome que tem lonjuras "de dentro". Nácar...

Já tem nome a mulher de neve. Já não é Muna munanqui[226], "amor enamorado", fêmea que o redemoinho veste para zombar do homem em solidão.

O mineiro não está só. Tem um amor nos cumes. A neve já não devora sua noite de olhos abertos. A neve tem olhos, e boca macia, e cabelos derramados como uma selva chamadora de beijos.

E o mineiro pensa: isso é, e isso deve ser. Busco o ouro, mas não quero encontrá-lo. Busco o Muna munanqui com cheiro de pele de fêmea enamorada, com essa calada força, e aí está. É Nácar. Isso tem que ser. Isso tem destino e verdade.

Mas Nácar se vai, levando seus bandoleiros na noite, como um vento romântico e maldito. Só o rastro de cinco cavalos fica na senda nevada. Um rastro escuro sobre o caminho branco. Um adeus bárbaro de galope e repecho, e abismo, e distância infinita. Um rastro que alivia o peito dos bolicheiros e dos covardes.

---

[226] Ver glossário.

Para o mineiro, é um rebencaço no rosto. Uma punhalada na esquina mais vital de seu sonho.

Nácar galopa cordilheira adentro, com quatro ponchos atrás que a seguem como quatro lobos. Ela não sabe da luz nem da sombra que semeou no mineiro. Só pensa, por um minuto, no homem com um pequeno punhado de pepitas, e em seus olhos serenos, sem medo: serenos, como uma esperada fatalidade. Ela não sabe que atrás de seu galope, seguindo o rastro escuro, a vão seguindo os olhos do homem; olhos que não podem gritar: Vem! Por isso a seguem com uma funda mudez desesperada.

E o mineiro golpeia a pedra desfeita, túnel adentro. Mas está cego, porque seus olhos se foram pelo caminho, atrás de um galope.

Lá embaixo, no povo, está a fêmea, sua fêmea tão alheia como a ambição. Está calculando roubá-lo, para dar ouro a outro; ao sub-homem que sempre ronda a vida da mulher sem distância interior.

E o mineiro desce um dia para olhar esses olhos grandes e sem nobreza; para olhar essa boca que oferece sempre uma ternura alugada.

E como tem asco, e como tem um sonho limpo que o salva, deixa um pouco de ouro como se cuspisse bílis. E sai à rua. À única rua da aldeia.

E olha suas mãos, suas roupas. Olha a pedra da calçada antiga, as casas azuis e avermelhadas, e sente que ali está morto.

E se vai. Sem remorso, sem que lhe doa a copla que ouve. Se vai.

Nem sequer pensa em Nácar. Só nele.

E então decide: "Devo nascer de novo; devo parir a mim mesmo, de uma vez e para sempre".

Lá, costa arriba, há um cume nevado que o espera, como uma avó, com os braços abertos, para guardar-lhe o segredo do pranto.

Passou um tempo, ou melhor, passou esse tempo que se mede por fora.

Há um sol aquerenciado que prolonga seu brilho nos barrancos. O ar amorna o lerdo caminhar dos rebanhos de nuvens pelo céu. É primavera. Uma tarde qualquer os pastores se embriagam no bolicho do Alto.

E os pastores perguntam pelo homem. Há tempo que não o veem e pensam que talvez tenha vendido seu sonho.

Mas não. O mineiro limpou os olhos nos mananciais de água e neve. E agora sim, pensa em Nácar.

A buscará; caminhará por todos os caminhos até encontrá-la. Quando seu corpo se cansar, lhe sairá do peito o coração, que nunca cansa, e a seguirá buscando.

Chega uma tarde ao bolicho do Alto. Ali estão os pastores bebendo álcool açucarado. Beberagem bárbara que lhes amorna a solidão. Olham para o caminho. Para a encruzilhada.

E cada qual tem um causo que diz de anos, de viagens, de tormentas, de alegrias. De ouro que chega e ouro que se vai, como os dias, como os ventos, como a vida.

E os pastores bebem, e talvez haja um Canto. Dessa cara barbada, dessa boca forte e apertada de tempo, sai a copla, fresca como o jorro de água entre as rochas. A copla salva o homem porque tem, muito juntas, a dor e a graça.

Tudo que sofre, canta. E a graça é um Canto também, porque tem raiz na vitória do homem sobre a pena.

XXXV
NÁCAR

O mineiro chegou ao bolicho do Alto. Aí está, maduro e cabal, limpo, porque se limpou das dores que conspurcam. Só deixou dentro de si a pena que caminha pelo sangue, enobrecendo-o.

Antes de entrar, fica um instante entre o salão e o caminho, entre a noite e a alvorada.

O trabalho, a solidão e o sonho – seu grande sonho –, o esculpiram como um penhasco.

A saudação dos pastores, cordial e rude, chega fraca ao ouvido do mineiro. Porque o mineiro está aí inteiro, sentindo que pariu a si mesmo, de uma vez e para sempre.

Adianta-se, e quase não sabe dizer o nome do álcool que vai pedir. Então faz um sinal, indicando algo da prateleira. Sente como se a palavra lhe pesasse, como se cada sílaba lhe queimasse a língua como uma estrela quente.

Tira da bolsa de couro pequenas chuspas carregadas. Ouro. Ouro de boa lei. O bolicheiro, farto de ver coisas e mistérios, abre os olhos para oferecer a ele todo o assombro que o quer afogar.

Ouro de boa lei, e em quantidade!

Um pastor se atreve a perguntar:

— Achaste por fim o veio?

Mas o olhar do mineiro se cravou em sua garganta, como uma lança.

Bebe. Assim, de um trago, como se bebem o amor e a morte, quando se é um homem.

O bolicheiro pesa o ouro. Quer demonstrar interesse na tarefa; quer transparecer um profundo ar de honestidade, de leal entendimento. Mas seus dedos são grossos e lembram a garra do condor; mas seus olhos têm um idioma que gostaria de gritar um plano de emborrachar-se, fazer a festa, sair ao caminho, dar na nuca um só balaço e depois deitar para dormir sem rastro de pecado. O olhar está quieto; não segue nem acompanha a tarefa diante da pequena balança, o olhar está dentro de seu coração imundo.

Conclui o assunto. As canecas com álcool se animam a tilintar em mãos dos pastores, como um desmaiado cincerro desprendido do fantasma da sede.

—Vai levar algo? — pergunta o bolicheiro.

— Isto.

E o mineiro aponta para uma Winchester e um cinturão de caçador.

Até a mulher do bolicheiro mete a cara na porta. O mineiro já tem a arma com ele. Olha para ela, calcula o peso e depois se serve de outro trago de álcool.

O mineiro sabe ler intenções. Por isso soube descobrir o veio rico na cordilheira.

Mas agora isso não é o importante. Esteve lá, sofreu, abriu arranhando a rocha, rezou com salmo bárbaro cada manhã. Só ele sabe para quê. Só ele e algum condor.

Tirou ouro; apagou o veio, cobriu de pedra e areia seu lugar, seu caminho, seu rastro. Porque ele sabe bem que seu destino é buscar ouro. Mas se, uma vez achado, o ouro satisfaz desejos de fora, adorna a ambição, seu sonho morrerá. E nada é maior do que seu sonho. Sobretudo agora que uma luz saiu de seu sonho: Nácar.

Por isso chega. E muda. E espera a noite, para que o vento lhe apague o rastro.

E por isso parte na noite, sob a lua grande e primeira de um tempo de tepidezes. E marcha por um caminho que nunca andou mas que conhece. Porque uma vez seus olhos se foram por ele, seguindo Nácar.

Lá está o "Bravo", o limite. "Bravo" o batizaram os bandoleiros e os contrabandistas. Os que passaram e os que caíram com uma bala nos rins. Porque aí está a barreira aduaneira incrustada no passo cordilheirano. Nela há seis homens capazes de pôr seis balas no mesmo alvo.

Claro que há passos ocultos. Rincões para infiltrar-se. Mas é ilusão crer que são poucos os que os conhecem.

O mineiro chega uma manhã ao "Bravo". Mas não tem pecados. Não foge. Vai. Não teme. Adianta. Leva silêncio mordido na longa senda, em anos fechados pela neve e o sonho. Dentro de si, algo que se parece a uma copla lhe diz coisas mornas ao coração.

Atrás ficam caminhos com pastores de voz rude e mão amiga; fica o bolicho; e, no vale, a sombra apenas de uma vergonha disfarçada de amor e de paz. Lá adiante, depois da costa abaixo, um só nome, prisma de sua força: Nácar.

Nácar já não corre caminhos de tragédia. Não a seguem bandoleiros que a amam e a temem. Os galopes adormeceram em um povoado do norte chileno. "Aquilo" passou. Agora Nácar tem uma pequena venda e até aprendeu a sorrir um pouco com as gentes. Às vezes, quando ouve coisas ingênuas e singelas, compara essas cenas com os perigos corridos nos caminhos cruéis. Está só. É que sempre esteve só. Seu coração esteve amuralhado tanto tempo que foi um ritmo sem música, um eco sem voz, um lago dormido sobre as cordilheiras onde nunca caiu um seixo nem uma pena de condor que inquietasse suas águas.

Viu o amor nos outros. Um amor sem amor. Uma força de instinto sem ninho nem candidez. Um derrubar chinas, semeando ventres tímidos, entre a noite e o pranto. Maridos que suspiram olhando cadeiras sem pudor, adivinhando formas, maldizendo beijos e entregando a suas mulheres só a baba destilada em desejos crescidos para outras.

Nácar, a bandoleira, que uma vez matou um homem, que se foi com um e depois com outro, que galopou entre balas e polvadeiras, mantém a castidade de uma alma que se fez aguerrida para não entregar sua timidez nem no olhar nem diante da flor, nem pelo homem ou a lua ou a manhã aberta.

É que sentia um horrível medo de não viver o verdadeiro amor. Não o busca nem nunca o buscou. O amor era, nela, uma pulsação porque sim, como os nervos de seu cavalo, explodindo em vontade de ganhar toda a distância. Um mundo dormido. E agora está ali, na paz de uma aldeia de homens bons e um pouco rudes. Olha as ruas com crianças e, lá longe, o mar.

A cada tarde se cumpre sua vida com a mesma cor sobre os céus. O mesmo velho passa, a passo lento, à volta de sua casa, cumprimentando com olhar de avô. O mesmo ruído das portas ao se fecharem. O machado em algum pátio, partindo lenha. E a fumaça sobre os tetos. E, lá longe, o sol beijando o mar.

Há um homem que busca os favores de Nácar: o farmacêutico do povoado. Um homem simples, com a necessária vilania dos cidadãos aprazíveis e prestigiosos. Mente na farmácia, mente na política e mente para si mesmo. Sua voz reúne jovens ambiciosos, ainda que também algum sonho os alente. Sua voz analisa, sentencia, profetiza. É diretor de festas artísticas, de festivais pró moral do povo. Não crê em Deus mas almoça com o padre. Não crê no amor mas se deita com sua mulher e a enche de filhos. Vai à venda de Nácar; tecidos regionais, andinos, peles de guanaco e de lhama, miudezas diversas, ponchos, casacas de couro, coletes de vicunha.

Em todo pequeno negócio dessas regiões, na parte de trás, sempre há uma mesa com uma garrafa de bom vinho da zona, para o momento de conversa.

E o boticário despacha suas teorias e ostenta seu "prestígio" no reservado. Nácar o ouve, o atende, o conhece "de memória" e o utiliza para que não aumente sua contribuição, o imposto pelas peles e outros produtos.

O boticário sabe, mas também crê que é homem apreciado pela mulher. Não pode deixar de crer, porque isso lhe faz bem. O eleva.

Uma vez, em um passeio no campo, os homens experimentavam sua pontaria. Como brincando, ofereceram um revólver a Nácar. Ela vacilou um instante e observou duas ou três armas, escolhendo a que lhe pareceu melhor.

E assombrou os circunstantes nessa tarde. Quando lhe perguntaram onde havia aprendido a atirar tão bem, disse com voz singela:

— Na chácara do meu pai, lá no Sul...

E todos acreditaram. E também começou a nascer neles um prudente respeito por essa moça morena e delgada, de lindos olhos crioulos, de gesto um tanto distante e dramático, que seu olhar tornava quase nostálgico.

XXXVI

O ENCONTRO

E foi como tinha que ser.

Nácar, dia após dia, no trato com esse desconhecido tão estranho e que parecia conhecê-la, foi descobrindo o ninhal da ternura.

Os olhos do mineiro não eram mais belos do que os dos demais. Mas havia algo que os outros olhos, ao olhá-la, não expressavam. Ternura. Misteriosa e antiga ternura. Timidez que não comprometia um certo sentido de segurança, de firmeza. Era o amor tímido, firme, cheio de medo e de glórias escondidas. O suspiro longamente contido. O sonho sonhado na alta cordilheira, em solidão. Uma solidão que mordia as mãos, torcia os ponchos. Uma solidão pintora de esperanças e de tragédias em uma tela de neve e de ventania.

O olhar do homem registra os caminhos andados. A distância tem uma luz para os olhos do caminhante que não se pode inventar nem dissimular. É um conta-léguas cujo mecanismo se origina no recôndito do espírito.

Assim era o olhar do mineiro. Assim Nácar sentia esse olhar.

E foi como tinha que ser.

Resolveram ir-se. Ir-se para longe, a Tacna, ao Peru. Ou rumo a Lipes, a San José, em terra boliviana. Para começar, para recomeçar a vida.

Uma manhã fria os achou frente a uma rua larga, onde passavam os veículos para o norte, além de Calama.

O mineiro caminhava como um sentinela, para esquentar o corpo. Em uma beira, em uma barranca da esquina distante, parava, e, sem querer, sem poder impedir, ficava olhando para as cordilheiras cujos picos se embelezavam como o primeiro sol de outono.

Nácar olhava o mineiro, à distância.

E acreditou compreender. E assim o disse em seguida:

— Que difícil é deixar aquilo que formou nossa massa!

— Aham...

A carruagem não vinha. Demorava demasiado. Demorava o bastante para pensar que o Destino anda por aí manejando as coisas para a pena ou a alegria do homem.

E foi como tinha que ser.

Ficou a esquina alta da aldeia, sozinha. O sol, quando chegou, afugentando o frio da rua, não achou o abrigo de Nácar nem o poncho do mineiro.

Passaram os ônibus rumo ao norte, mas só transportavam homens e mulheres com destinos pequenos, com destinos lógicos, com sonhos singelos e pobres, bondosos, sem outros combates além dos de todos os dias.

Lá longe, o mar. E os arvoredos. Álamos e tamarindos. Casuarinas. Lá em cima, os pampas de salitre com casebres de chapa e madeira. Com escritórios e terras alambradas. Com nomes estrangeiros que soam como um som alheio a todas as paisagens.

E depois, caminhos. Caminhos que se bifurcam, que se estreitam entre os primeiros penhascos, onde começa o corcovo dos Andes.

Caminhos sem domar, que parecem indicar a senda dos céus mas que estão balizados de morte, de solidão, de olvido e desamparo.

Caminhos onde sucumbem a vontade e a temeridade. Caminhos que não ajudam a quem quer andá-los porque sim, no mais.

Por esses caminhos andam os dois. Nácar e o mineiro.

O homem pariu a si mesmo. Cabalmente. Enfrentou-se com sua consciência e sabe olhar a sombra de sua ventura e de sua tragédia.

A mulher está agora segura. Segura de seu homem. Segura do amor, princípio e fim do ser. E caminha costa acima, sem frio, nem fadiga, nem medos.

Envoltos em um sonho infinito, lá vão, caminho acima, Nácar e o mineiro. Rumo às cordilheiras...

XXXVII
A CERRAÇÃO

Don Cosme vivia lá, entre o Cerro de los Guanacos e a Laguna del Tesoro. Seu rancho tem paredes de pedra e teto quinchado que se levanta a apenas um metro e meio do solo. Para penetrar a choça de don Cosme há que agachar-se, e para viver nela há que ser um herói como o dono da casa.

Tem mulher e vários guris. Estes andam por aí, travesseando no pequeno curral de pedra. Vestem roupas velhas do pai e qualquer blusa ou calça tem mais franjas do que um poncho.

A Laguna del Tesoro está três mil metros acima do nível do mar, no noroeste tucumano. Dizem por aí que naqueles tempos do Inca prisioneiro, quando Pizarro exigiu resgate, passaram muitas récuas de lhamas carregadas de prata e ouro, vindas de Famatina e El Leoncito, e que ao correr a notícia da morte do monarca indígena as cargas foram jogadas no fundo dessa lagoa andina. Desde então a chamam de Laguna do Tesouro.

Quanto jovem andarilho, estudante ou aventureiro, chegou a essas alturas, sonhando sempre com encontrar o tesouro indígena. Fabricaram-se botes e canoas. Rastreios por toda a zona. Mergulhos entre os esteiros. Mas nunca conseguiram mais do que alguma gripe.

Sempre coube a don Cosme ir de vaqueano. Como seu rancho está na zona e o resto é pura solidão, infinita solidão, todos os que percorrem essas sendas o "contratam" de guia. Mineiros, arqueólogos, turistas, caçadores de vicunhas, caminhantes do mundo, chegam ao rancho de don Cosme, pernoitam ali e no dia seguinte saem para seus trabalhos e aventuras.

Don Cosme sabe que hão de voltar cansados, rotos, apunados[227] e sem mais que uma ou outra fotografia, mas os acompanha.

Às vezes, enquanto comenta essas coisas, diz, sorrindo: "Eu gosto que se acheguem por aqui, porque me custeiam a diversão...".

Além disso, don Cosme aproveita essas visitas porque ele e sua família têm chance de comer melhor. Ali a comida é charque de ovelha, abóbora[228] no borralho, mote de milho e nada mais. O pão é luxo dos *abajeños*. Lá só chega quando os turistas levam.

---

[227] Com o mal-estar causado pela altitude. Sofrendo do chamado Mal da Montanha.

[228] No original, "anco" (ver glossário).

Geralmente, os viajantes aproveitam o feriado da Semana Santa para essas excursões. Conseguem mulas em uma estância de El Clavillo ou são amigos dos jovens estancieiros. Têm dois dias de viagem até a "casa" de don Cosme.

No Cerro de las Vicuñas e La Cumbre de los Cazadores há uma série de sendas antigas que se entremesclam e partem em distintas direções. Quem não é vaqueano se perde facilmente e não é raro que, procurando saída para Tafí del Valle, vá parar no Chile. E don Cosme se diverte à vontade, deixando os gaúchos improvisados andarem na frente. O homem faz que ajeita os arreios e lhes dá uns quinhentos metros de vantagem. E da encruzilhada dos caminhos grita aos equivocados: "Ei, amigos! Saudações aos chilenos!". E se ri, feliz, seguro de sua ciência cordilheirana, enquanto os moços retornam disfarçando sua vergonha com um sorrisinho. Nos cumes o ar é puro, limpo. É lindo contemplar na direção dos vales de baixo a cortina de chuva, que abarca quilômetros, enquanto, desde seu posto de observação, o sol cai em cheio sobre o viajante. As nuvens formam um mar lá, mil metros abaixo, enquanto na solidão as sendas mal se marcam sobre uma terra cinza e amarelenta, às vezes salpicada com manchões de neve em algumas baixadas. E à frente, sempre espelhados, os picos inacessíveis, como uma catedral de gelo que só os condores veem de perto.

Ninguém pense que essas visitas estranhas chegam amiúde. A cada ano aparece um par de ginetes, e às vezes passam-se três ou quatro anos sem que don Cosme fale com alguém mais que sua mulher, nesses diálogos andinos de vinte palavras diárias.

Há épocas, perto de dezembro, em que o "cerro amanhece encanzinado". E então, antes do meio dia, uma névoa densa se prende dos cumes, e dura uma semana, às vezes mais.

Quando isso ocorre as ovelhas não descem ao vale de bom pasto. Ficam por lá, perto do curral. Um passo mal dado pode despencá-las, e sempre, quando o tempo abre e sai o sol, don Cosme já sabe que chegou o instante de courear, porque é certo que algum cordeiro jaz destroçado no fundo do abismo.

"Sangue sobre a terra não presta", dizem os andinos. Eles costumam, quando matam uma ovelha ou um terneiro, fazer um buraco profundo, em cuja borda colocam o pescoço da rês antes da punhalada. O sangue não suja os pastos, respeita a terra. O sangue cai dentro do buraco que logo é coberto com terra para que Pachamama não se ofenda.

Um dia chegaram à choça de Cosme dois viajantes. Andavam em tratativas para adquirir uma terra na cordilheira e fazer prospecções em uma mina. Don Cosme os levou para esses rumos. Marchando em fila indiana, ganhavam as alturas pouco a pouco. Os viajantes, homens da cidade e dos bancos, começaram a falar de negócios, operações na bolsa e benefícios e dinheiros.

Durante horas, ao longo do trajeto, don Cosme não ouvia outra coisa além das palavras ouro, pesos, milhares, centenas, joias, etc...

Pareciam os donos do mundo, esses senhores. Ali, com esse homenzinho por diante, puro poncho e silêncio, pura pobreza eterna, seguiam confessando um ao outro suas habilidades para os altos negócios, para as felizes transações, para o proveitoso enredo.

Don Cosme os escutava. Primeiro assombrado. Falavam de um mundo maravilhoso, de um luxo que ele nunca havia visto nem veria. Falavam de casas cômodas, de aviões, de Paris, de Chicago, de Londres, de Buenos Aires. De repente, um interrompia a charla para perguntar: "Falta muito?". Don Cosme respondia em um instante: "Regular, senhor...".

Perto do meio-dia o sol começou a entristecer, e, em menos de uma hora, a névoa iniciou seu grande emponchado de montanhas e vales.

Don Cosme, conhecedor, decidiu desviar-se do caminho e ganhar umas galerias naturais entre as rochas dos cumes. Entraram nas grutas com os animais e tralhas. Desencilharam. Don Cosme lhes disse: "vão para o fundo e peguem os ponchos e abrigos porque vamos fazer noite aqui". E foi juntando lenha de tola[229], a única do lugar.

---

[229] Ver glossário.

Os viajantes prepararam seus abrigos, seus catres de campanha. Pensavam que no dia seguinte poderiam seguir viagem. Mas não era assim. A névoa é terrível e don Cosme, já de madrugada, lhes avisou: "Esta cerração está muito braba e vai durar vários dias".

O desespero dos viajantes, quando ao terceiro dia continuavam prisioneiros da montanha, escravos da cerração, não tinha limites. Protestavam contra a viagem e o destino. Insultavam a montanha, a névoa, as mulas "lerdas demais", e até ofenderam don Cosme dizendo que ele tinha que saber quando se produzia esse fenômeno.

Don Cosme calava. Ia juntando raiva, devagarinho. Até para embrabecer tinha o ritmo preciso e pausado dos Andes.

Ao amanhecer do quarto dia, don Cosme saiu para "olhar o cume". Não se via vinte metros. Tudo era um mistério infinito. Então, um dos viajantes lhe disse:

— Ouça, velho. Tire-nos daqui hoje mesmo, de volta ao vale, e lhe darei um presente.

— Presente?...

— Sim. E mostrou a carteira repleta ao kolla.

— Veja, senhor. Com *plata* ou sem *plata*, eu não posso tirá-lo daqui. Há que esperar que limpe essa cerração. A cerração é a dona do cerro...

E achicando os olhos como com picardia, propôs ao viajante:

— Por que não oferece uns pilas à cerração?

XXXVIII

O ÚLTIMO DECRETO

O sorro[230] foi um dos personagens mais famosos nos contos e tradições folclóricas do nosso continente. Com ligeiras variantes, os contos do sorro andam por aí, em todas as vigílias provincianas, nos fogões dos tropeiros, na noite dos mineiros, nos minutos de "respiro" dos lenhadores dos bosques e nas tardinhas dos peões indígenas.

Há um tempo aprendemos outro causo do célebre Don Juan[231] dos campos. Quem nos contou foi Narciso Katay, na velha propriedade de Ocloya, no nordeste da província de Jujuy...

---

[230] Espanholismo fronteiriço comum no Rio Grande do Sul, derivado de *zorro* (raposa, em espanhol). As espécies que ocorrem no estado chamam-se, também, graxaim (do campo ou do mato).

[231] É tradicional chamar o graxaim ou sorro, na Argentina, de "Juan del Monte" ou "Juan del Campo" nos causos que o têm como personagem.

Saindo de Yala rumo ao oriente, se escalonam umas serranias boscosas, com vales de muito bom pasto. Se cruza o Cerro Huacanko, que quer dizer "fazer chorar", e em verdade é terrível sua travessia, perigosa, cheia de névoas desatadas e caminhos estreitíssimos, abertos apenas para a passagem de uma mula, entre uma muralha de musgo de um lado e abismos sem ecos. Em certo passo, os vaqueanos recomendam desencilhar o animal, porque o simples choque do estribo contra o cerro pode fazê-lo perder pé e a desbarrancada se produziria, irremediavelmente.

Por essas lonjuras perigosas andávamos um dia, rumo a uma velha estância perdida nos matos orientais de Jujuy, onde há trezentos anos reinavam os índios Okloyas, rivais bravios de Juríes e Homahuacas. Se realizaria nesses campos uma "corpachada", ou seja, um rito indígena, um batismo de curral de pedra, em que a mulher mais velha do lugar personificaria a Pachamama, a Mãe dos Cerros. Falamos alguma vez dessa cerimônia estranha, indo-crioula[232].

Ali conhecemos toda a peonada, composta por gaúchos, crioulos, mestiços, kollas e algum velho desses que andam como sombras tenazes nestes tempos. Ali desfrutamos da amizade de Narciso Katay, bom pealador e contador de histórias e fantasias da região. Por ele soubemos que havia peões que ganhavam doze pesos

---

[232] O ritual é descrito no capítulo VIII deste livro.

mensais, havia laçadores que trabalhavam o primeiro mês grátis para poder pagar o laço que lhes era provido para seu trabalho nos campos. Por ele soubemos que o peão que não presenciava a missa na capela da estância, todos os domingos, era rapidamente despedido, e outras lindezas. Não precisamos dizer que não conhecemos o conforto da estância à qual fomos convidados quando se soube de nossa presença no lugar, e que estivemos hospedados no rancho de Katay, pequeninho e frio, mas que nos deu nas quarenta e oito horas "que nos deixaram ficar" uma forte e bela sensação de solidariedade com todos aqueles que ostentavam as mãos calejadas e o olhar cheio de bondade e esperança. Na última noite, Katay gastou a conversação. Falou da mitologia andina como se falasse de coisas acontecidas à porta de sua casa. Nos contou a origem das tormentas, que era a luta entre os ventos, o huayra macho contra o huayra fêmea. E, entre outras coisas, nos contou vários causos dos que têm o sorro no papel principal. Este é um de seus causos:

Uma manhã recém amanhecida estava o compadre galo sobre a forquilha de uma árvore, como espreitando a linha do oriente onde logo surgiria o sol, quando saiu dos matorrais vizinhos o compadre sorro, com passo miúdo e silencioso, apertando os olhos com picardia. O compadre galo o viu, mas a altura em que estava lhe deu confiança e seguiu ali no mais, olhando a manhãzinha.

O sorro se acercou ao pé da árvore e disse ao galo:

— Bom dia, compadre galo. Tomando ar?

— Isso, compadre sorro.

— Por que não desce daí, compadre galo? Aqui embaixo se respira melhor...

— Não há de ser, compadre. Gracias. Aqui estou bem.

E seguiu no mais, fortemente agarrado à rama alta da árvore. O sorro olhou para todos os lados e chegando-se mais ao tronco da árvore, disse em tom confidencial:

— Acontece, compadre, que o senhor tem medo de mim. E tem medo porque não está inteirado do último decreto do governo...

— Que decreto? — perguntou o galo, mordido pela curiosidade.

— Lhe conto, compadre galo. Acontece que o governo acaba de lançar um decreto no qual declara a anistia geral entre todos os animais e bichos da província. Esse decreto causou a felicidade no mundo. E já está posto em prática. Recém vi uma cobra jogando osso com uma lebre, e um tigre fazia de coimeiro enquanto uma ovelha lhe cevava mate...

O galo duvidou um momento, mas havia algo no olhar do sorro que lhe inspirava desconfiança, e se agarrou mais forte na rama.

— Quando saiu esse decreto, compadre sorro?

— Noite passada, à última hora, compadre. Mas como o senhor se deita cedo...

Nisso andavam, o galo duvidando e o sorro afiando seu apetite, quando apareceram os cachorros da chácara e, farejando, o localizaram. O sorro mal teve tempo de dar um par de saltos para ganhar distância e saiu em disparada, "como alma levada pelo diabo...".

Os cachorros, cinco ou seis, se atropelavam para conseguir alcançar o malicioso sorro, e este corria, ou melhor, voava sobre os restolhos do potreiro, na direção dos matos. E enquanto disparava, perseguido pela cachorrada enfurecida, o sorro ouviu que, de longe, mas com toda a clareza, o galo lhe gritava:

— Mostra o decreto... compadre...! Mostra o decreto...!

XXXIX

SEMPRE!

Vento de minha terra. Vento legendário. Cântaro cósmico. Ninho do Canto, da dor transmutada, da voz desvelada dos homens que caminharam a pátria com um violão e uma copla – bússola e feitiço.

Eu era muito menino quando os paisanos me revelaram tua lenda, teu destino, tua mensagem infinita.

Era um tempo de pastos e galopes. Um tempo de purezas, romântico e heroico.

E quando pude andar, saí ao caminho. A juntar fiapos de cantares, o ai! de uma vidala, a ponta de um estilo, o aura![233] de uma zamba.

Com a única linhagem de meu sangue mestiço. Uma escura linhagem de Loreto e Guipúzcoa[234].

---

233 Corruptela de 'agora'. Voz com que se avisa aos bailarinos da zamba e outras danças de que vem a última parte antes da coreografia.

234 Cidade de nascimento da mãe de Yupanqui, Higinia Carmen Aran, no país Basco, Espanha.

E um violão que a vida me acercou. Um violão tão indócil para minhas mãos como generoso para meu coração.

E até aqui cheguei, Vento amigo.

Gastei minha voz nos caminhos. Queimei meus anos na luta.

Sempre fiel à tua lenda e ao teu destino.

Sempre!

GLOSSÁRIO DO AUTOR

A

ABRA – Espaço aberto entre cerros ou no mato.
ACUYICO – Bolo de folhas de coca.
ALGARROBA – Vagem que constitui o fruto do algarrobo.
ALGARROBO – Árvore típica do norte argentino, muito apreciada por sua madeira e seu fruto. É chamado, por antonomásia, "a árvore".
ALMA (DO TECIDO) – Trama do tecido.
ALOJA – Bebida fermentada que se obtém do fruto do algarrobo.
AMAICHA – Povoado do vale tucumano. Comunidade indígena.
ANCO – Variedade de abóbora de tamanho grande e casca dura. Nome de um departamento da província de Salta.

B

BAGUAL – Animal arisco. Cavalo indômito ou ainda não domado.

BAGUALA – Canto montanhês, solitário, usualmente acompanhado com "caixa".

C

CACUY – Ave do norte argentino cujo grito, semelhante a um pranto, se considera de mau agouro *(Urutau)*.

CAJONEAR – Produzir um ritmo golpeando sobre uma mesa, um balcão, etc.

CARONA – Prenda do apero crioulo. Habitualmente, peça grande de sola ou couro que se coloca entre a encherga ou o "lombilho" e os bastos *(aqui, um equívoco: o lombilho – "lomillo", em espanhol – é um dos modelos de sela, de peça principal do arreio de montar. Não equivale à xerga ou xergão; constitui uma alternativa aos bastos, de que tem a mesma função)*.

CARUNCHO – Cigarro artesanal primitivo.

CIMAS OU SIMBAS – Do quéchua – tranças do penteado feminino.

COMECHINGONES – Tribo indígena do norte de Córdoba, já extinta *(contemporaneamente, utiliza-se o termo "etnia" e não se consideram extintos os "comechingones", denominação que lhes foi atribuída no processo de conquista e não corresponde à sua autodenominação)*.

CH

CHALÁN – "Compositor" ou adestrador de cavalos.

CHALARES – Restolhos. Lugares onde se encontram as folhas secas ou "chalas" de milho.

CHANCACA – Doce provinciano. Alfajor primitivo.

CHANGO – Rapaz.

CHAÑAR – Árvore do norte argentino.

CHAÑÍ – Cordilheira dos Andes jujenhos, no norte argentino.

CHAZNA – Mula de tropa ou carga.

CHINCHILLERO – Caçador de chinchilas andinas, roedores de pele muito apreciada. Quem caça ou cria este animal.

CHINCHILLÓN – Tipo comum de chinchila *(muitas fontes a consideram uma das subespécies de vizcacha, razão por que optamos por traduzir com esta última denominação)*.

CHIRLERA – Corda, pequena guasca ou tira de couro que cruza uma das peles da "caixa" do tambor índio e que vibra em função do golpe ou "chirlo" no instrumento.

CHÚCARO – Arisco.

CHUNCAS – Designação quéchua dos tornozelos.

CHURQUI – Árvore do norte semelhante ao aromo ou espinilho.

CHUSPA – Pequena bolsa tecida, habitualmente usada para guardar folhas de coca ou tabaco.

CHUZAS (PESTANAS) – Pestanas rígidas, direitas.

D

DAGÜELTEAR – Dar voltas.

DORADILLA – Erva medicinal, jujo muito comum nas serras de córdoba.

E

ERKE – Corneta andina. Instrumento indígena muito antigo de sopro. É um aerófono de longa taquara, com embocadura e grande buzina ou pavilhão.
ERQUENCHO – Pequeno corno musical de pastores indígenas.
ESTRIBOS CASPI – Estribos de madeira.

G

GUACHO OU GUASCHO – Do quéchua "huaschu": órfão.
GUALICHO – Ervas ou outras substâncias da magia indígena, usadas para causar dano a uma pessoa ou obter sobre ela influência ou domínio.
GURISA – Moça.

H

HUACAS – Urnas para enterros indígenas.
HUAHUA – Criança pequena, bebê.
HUAMPAS – Aspas ou cornos de vacum.
HUATO – Funda de Davi. Pele ou couro da funda indígena.
HUAYRA – Vento.
HUYRA – Indivíduo descendente de raça branca.

I

IMILLA – Pastora jovem. Jovenzinha indígena.
INTI-HUASI – Casa do sol.
IROS – Pasto-puna, seco e filamentoso.

J

JUAN CHIVIRO – Pássaro do norte argentino, semelhante ao tico-tico.
JUME – Arbusto rico em potássio, característico da zona desértica de Santiago del Estero, no norte argentino. Se encontra também em outras zonas do país.
JUMIAL – Lugar onde abunda o jume.

K

KEÑUA – Arbusto das alturas andinas, no norte argentino e na zona da puna.

L

LEGUERO – Que se ouve de longe, simbolicamente, de léguas. Diz-se especialmente do bombo.
LEÑA 'I TORO (LEÑA DE TORO) – Esterco seco de vacum, que se usa para acender fogo.

LL

LLACTARA – Baguala ritual propiciatória, dos mineiros.
LLACTA-SUMAJ – Do quéchua: lugar lindo.

M

MARUCHO – Peãozinho de tropa, guri que cuida o gado no transporte.

MECAPAQUEÑA – Dança folclórica boliviana. Música correspondente.

MINGAO – Cooperação gentil entre camponeses, para determinados trabalhos.

MISACHICO – Procissão religiosa vicinal, acompanhada por música de instrumentos típicos.

MISMIR – Abrir a lã com ambas as mãos, preparando-a para ser fiada.

MUNA MUNANQUI – Sentimento amoroso.

MUSHA – Do quéchua: gato.

P

PASCHUCO – Diz-se do cavalo marchador.

PENCA – Variedade de cacto.

PICHI – Variedade de pequeno tatu.

PIQUILLIN – Arbusto de cujo fruto se faz doce e se extrai aguardente.

PIRCADO – Muro de pedras superpostas, sem cimento.

PUISCA – Roca indígena.

PROPIOS – Se diz do pessoal de serviço.

Q

QUISCALORO – Variedade de cactácea.

QUIRUSILLAL – Lugar onde abunda a quirusilla, espécie de funcho silvestre do norte argentino.

R

RASQUINCHO – homem irritadiço, facilmente encolerizável.

REFALADERO – Ventisquero.

REINA MORA – Pássaro do norte argentino, de notável canto *(Azulão)*.

RIATAS – Cordas para assegurar uma carga.

S

SACHA-MÚSICOS – Músicos populares.

SACHA-UNTO – Graxa animal do mato, utilizada como remédio indígena.

SALAMANCA – Gruta ou caverna montanhesa do diabo, segundo a mitologia andina, ou lugar da selva onde se efetuam igualmente conjuros e ritos.

SARANDIZAL – Lugar onde abunda o sarandi, arbusto rioplatense próprio das costas dos rios e lugares úmidos.

SHALACO – Habitante de Santiago del Estero, no norte argentino, da zona próxima às salinas, na região do rio Salado.

T

TAMBERÍA – Cemitério indígena.

TINQUIAR – Golpear com o dedo.

TIPIAR – Aventar a terra do cereal ou da fruta.

TOLA – Arbusto resinoso do altiplano andino, único que se encontra nas grandes alturas.
TOLAR – Lugar onde abunda a tola.
TRINCHERA – Série de paus que protegem a varanda de um armazém – guarda-pátio.
TRUNCA (CHACARERA) – Chacarera sincopada de Santiago del Estero. Dança e música muito característi-cas desta província argentina.

U

UCLE – Flor de cardón *(grande cacto)*.
USHUTAS – Calçado índio. Sandálias.

V

VINCULADO – Propriedade adquirida por herança nobiliárquica, em estado de divisão.
VIRQUE – Grande vasilha para guardar bebida.

Y

YARAVÍ – Antiga melodia quéchua, da região andina.
YERBIAO – Infusão de erva-mate. Mate cozido.
YESQUERO – Utensílio primitivo para acender fogo.
YUCHÁN – Designação, em língua indígena tonocoté, da árvore comumente chamada "palo borracho" *(paineira)*.
YUNGUEÑO-A – Dos vales yungas, no oriente boliviano.
YURO – Vaso de argila.

NOTA DO TRADUTOR

por Demétrio Xavier

Atahualpa Yupanqui foi homem de marcas e de marcos. Os teve, os seguiu, os criou, os deixou. A obra extensa permite avaliar sua constância. Inaugurou seu caminhar de cancionista justamente com *Camino del Indio*, aos 17 ou 18 anos, e até "partir ao silêncio", aos 84, o caminho foi uma das balizas de suas temáticas e de seu pensamento. Da mesma forma, as várias décadas do século XX pelas quais transitou o viram ocupar-se do silêncio; do violão; da verdade do canto; da ancestralidade americana, enfim, de alguns temas que mundialmente são reconhecidos como matéria de seu difundido discurso artístico e intelectual.

Essa coerência, se assim a quisermos chamar, se reflete em seu vocabulário.

O Canto do Vento, escrito na sua "metade da tarde" – *Punchay Punchaipi*, como em certa altura do texto ele traduz do quéchua –, ou seja, um pouco passado dos 50 anos, traz uma importante recorrência de determinadas palavras. A elegância do texto e as referências de leitura não sugerem que isso possa advir daquela "orfandade literária" de que o autor se queixa em algum momento. São palavras-chave, palavras de força deliberadamente presentes ao longo da seleção de narrativas.

Esse é, talvez, o primeiro posicionamento que esta obra exige do tradutor. Não são de uso corrente em português palavras como 'cabal', 'olvido' e 'desvelo', para citar apenas três exemplos em que se contam muitíssimas ocorrências.

Imediatamente se delineia a segunda exigência de decisão, para quem se ocupa – e isso ainda não havia sido feito – de estender o relato do grande argentino na língua portuguesa. Yupanqui alterna com harmonia e elegância um registro crioulo, rural, popular, tradicional e inclusive iletrado, com a construção culta. E certamente não é um arquiteto que enfeita a edificação fina com detalhes rústicos, como o telhado de quincha de capim santa-fé sobre a casa burguesa em um balneário do Sul da Terra.

O bom texto advindo de leituras universais é cimento, alicerce e estrutura, funcionalidade e acabamento, não menos nem mais do que o léxico dos rincões onde esteve o caminhante, em sua busca "de homens e não de paisagens", como também refere neste belo livro.

Era preciso, então, preservar a verdade popular, muitas vezes gauchesca, ao lado do texto elegante. Algumas decisões buscaram esse objetivo.

Palavras como as três já mencionadas foram mantidas em grande parte das passagens, mas alternadas com sinônimos de mais circulação brasileira. Esse foi o posicionamento diante de outras questões, como manter ou não a definição de violão como guitarra. Na maior parte do texto, utilizamos 'violão', por referir exatamente o mesmo instrumento, mas também por carregar, no Brasil, toda a significação afetiva e a presença coletiva da 'guitarra' do texto yupanquiano. No entanto, em alguns momentos, manteve-se a forma original, em função da vigência crescente desse uso no sul do nosso país.

Levar em conta o falar e escrever gaúchos, aliás, foi algo também definitivo em algumas opções de tradução. Assim é que termos campeiros e outros ligados à paisagem, como 'pajonal', 'paisano', 'mancarrão', 'tirão', 'guri', espanholismos como 'tranquito', palavras de origem quéchua, como 'guacho', 'cancha', entre tantos exemplos, desfilam no livro, sublinhando a condição platina do Rio Grande do Sul.

A palavra 'povo', no sentido de povoado, é consagrada no estado ao ponto de compor nome de localidade. Assim, também se alternaram os dois usos, preservando o calor de locuções interioranas típicas, daquelas pessoas que moram no campo e, vez em quando, vão até o 'povo'.

Momento à parte foi o de lidar com os gentílicos, sendo a geografia um ponto fundamental no relato de Atahualpa. Assim, mantivemos as palavras 'tucumano', 'riojano', 'cordobês', 'entrerriano'... enquanto, quando se tratava do sufixo *eño*, adotamos 'enho', como em 'santiaguenho', 'saltenho'.

Finalmente, o leitor verá por uma explicação de nota de rodapé que preferimos a palavra 'pampa' no seu tradicional uso masculino. Na Argentina, há uma diferenciação, em que o feminino se refere à paisagem, ao bioma; o masculino, aos chamados índios pampa, membros de determinadas nações indígenas. No entanto, fez-se uma única exceção, quando o autor descreve a paisagem com atributos claramente femininos, em uma alegoria amorosa – e mantivemos a forma 'a' pampa por respeito à bela imagem.

Falávamos da recorrência de certas palavras no texto yupanquiano, sintomáticas e delatoras de pontos prediletos de seu discurso. Pois neste livro não volumoso, vinte e seis vezes encontramos variações de 'tradutor', 'traduzir'. Assim é que há os artistas que "...hão de passar pela terra sem tê-la traduzido". Ao contrário, "Ficam e perdurarão os tradutores da paisagem, do homem e seu tempo".

"O cantor não elabora. Traduz." O que resta, então, ao tradutor? Atahualpa intima o cantor – e isso se estende certamente ao narrador – para que busque a fidedignidade, a fluência e entrega de uma "verdade das coisas", numa transmissão humilde e sábia, que não subverta jamais a fonte, que minimamente intervenha e ainda menos recrie.

Intima, insistentemente – mas não pode intimidar. Quem o admira e conhece sabe quão imensa é sua dimensão de criador. A criação yupanquiana é uma nova paisagem, sobreposta à que ele traduz. Esse, o grande e belo paradoxo: sua busca do relato puro contraposta à condição de hábil criador de mundos e linguagem.

E é a fricção entre o registro e a inventividade que nos inspira e anima quando entregamos ao leitor o resultado da tarefa que assumimos ao traduzir *O Canto do Vento*.

Este livro foi composto com fonte tipográfica Cardo 11pt
e impresso sob papel pólen natural 80g/m^3 pela Gráfica
Odisséia para a Coragem no inverno de 2023, vinte e um
anos após Atahualpa Yupanqui partir para o silêncio.